PÉTITION

PRÉSENTÉE

A L'ASSEMBLÉE NATIONALE CONSTITUANTE

PAR

M. BOUDOT-CHALLAYE

Vice-Président honoraire du Tribunal de Montbrison.

DEMANDE D'ABOLITION

DE

LA SOCIÉTÉ DES FRANCS-MAÇONS

ET

DE TOUTES AUTRES SOCIÉTÉS SECRÈTES

ÉTABLIES EN FRANCE.

SAINT-ÉTIENNE

IMPRIMERIE ET LIBRAIRIE J.-M. FREYDIER

2, RUE DE LA BOURSE, 2.

—

1873

PÉTITION

ADRESSÉE A L'ASSEMBLÉE NATIONALE CONSTITUANTE

SAINT-ÉTIENNE, IMP. J.-M. FREYDIER, RUE DE LA BOURSE, 2.

PÉTITION

PRÉSENTÉE

A L'ASSEMBLÉE NATIONALE CONSTITUANTE

PAR

M. BOUDOT-CHALLAYE

Vice-Président honoraire du Tribunal de Montbrison.

———— ‹‹‹✳››› ————

DEMANDE D'ABOLITION

DE

LA SOCIÉTÉ DES FRANCS-MAÇONS

ET

DE TOUTES AUTRES SOCIÉTÉS SECRÈTES

ÉTABLIES EN FRANCE.

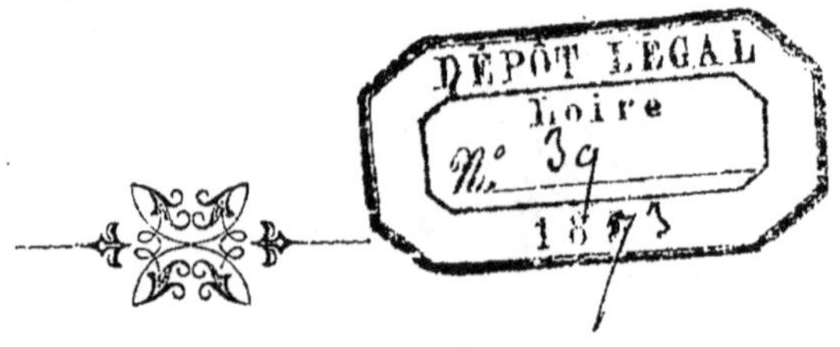

SAINT-ÉTIENNE

IMPRIMERIE ET LIBRAIRIE J.-M. FREYDIER

2, RUE DE LA BOURSE, 2.

—

1873

PÉTITION

ADRESSÉE A L'ASSEMBLÉE NATIONALE CONSTITUANTE

PAR

M. BOUDOT-CHALLAYE

VICE-PRÉSIDENT HONORAIRE DU TRIBUNAL DE MONTBRISON

MONSIEUR LE PRÉSIDENT,

MESSIEURS LES DÉPUTÉS,

Ceux qui depuis longtemps gouvernaient la France et dirigeaient à leur gré nos destinées nous disaient naguère : « La nation française est la grande nation. En 1789, elle a brisé ses fers et reconquis sa liberté, elle a proclamé les droits de l'homme et la souveraineté du peuple. Elle a créé le droit moderne. Elle a résisté à l'Europe entière coalisée contre elle ; elle a promené partout le drapeau tricolore et l'a fait flotter sur toutes les capitales du continent et sur les rives du Nil. Nos rues, nos places, nos monuments nous rapellent sans cesse par leurs noms populaires nos nombreuses victoires et nos grandes conquêtes. Nous avons aussi subjugué les peuples par l'éclat de notre brillante civilisation ; ils admirent et envient nos institutions, nos lois, notre système administratif, nos arts, notre science, notre puissante unité ; ils marchent sur nos traces et s'empressent de nous imiter. Ils sont devenus les tributaires de notre opulence, ils empruntent notre or pour créer de grands et utiles établissements. Paris est la capitale de l'Europe ; la France est la reine du monde. »

Lorsque, comme un coup de foudre, la guerre fut déclarée à une puissance amie, du moins en apparence, ils s'écrièrent : « Nous déchirons enfin les traités de 1815 trop longtemps subis par la patrie humiliée : à nous les provinces Rhénanes, le grand fleuve formant les limites de l'empire ! nous signerons la paix à Berlin. »

Ainsi parlaient nos maîtres ! Et bientôt notre territoire était envahi ; des avalanches d'hommes du Nord, bien armés, bien équipés, bien disciplinés se répandaient sur nos provinces. Malgré quelques luttes glorieuses, nos armées étaient défaites ; le chef de l'empire se livrait sans combat à l'ennemi avec cent mille hommes frémissant d'indignation et de douleur ; nos places fortes capitulaient ; trois cent mille soldats captifs prenaient la route de l'exil ; les drapeaux tricolores, jadis compagnons fidèles de nos victoires, allaient par centaines à Berlin, portant le témoignage de nos revers, de nos humiliations et de notre deuil. Les conquêtes de Louis XIV nous étaient arrachées ; une énorme rançon livrait aux Prussiens tout l'or de la France.

Ce n'est pas tout ! Des hommes, audacieux dans l'émeute, lâches devant l'étranger, se ruaient sur la patrie désarmée, organisaient une guerre impie, fratricide, et par des forfaits jusque-là inouïs épouvantaient la France et inspiraient aux nations voisines de profonds sentiments de dégoût et d'horreur !

Comment de tels événements ont-ils pu s'accomplir ? Comment la France, jadis si glorieuse, a-t-elle pu subir de si terribles catastrophes et descendre jusqu'aux derniers degrés des désastres ou de la décadence ?

Aussitôt se dresse devant nous une date fatidique, 1789, phare lumineux pour les uns, effroyable spectre suivant les autres !

Quelle est donc la véritable signification de cette mémorable époque ?

Le trône de la France était occupé par un prince religieux, sincèrement ami du peuple : nul n'oserait le nier aujourd'hui.

Cédant aux cris d'une opinion factice, il était intervenu dans une guerre domestique entre la Grande-Bretagne et des provinces insurgées contre leur mère-patrie ; cette guerre glorieuse pour le drapeau français avait assuré l'indépendance de l'Amérique, mais elle avait coûté quinze cents millions et avait allumé dans le cœur de l'Anglais une haine implacable et l'ardent désir d'une prompte vengeance.

Louis XVI demanda au parlement de Paris l'enregistrement de divers édits fiscaux qui devaient lui procurer les ressources nécessaires pour payer les frais de la guerre. Le parlement refusa sa sanction ; les ministres exilèrent les parlements. Ces grands corps, investis par l'autorité des temps et par la confiance publique d'un pouvoir censorial et modérateur, de la conservation des libertés nationales, étaient chéris du peuple. Leur proscription excita une grande fermentation dans les provinces. Les Etats du Dauphiné s'assemblèrent à Vizille, non pour préparer une révolution, comme on l'a faussement écrit et répété, mais pour réclamer une restauration parlementaire ; c'étaient des conservateurs, non point des novateurs. Toutefois ils imprimèrent un grand mouvement à l'opinion publique ; ils réclamèrent la convocation des Etats-Généraux, et leur vœu fut partout répété. Louis XVI acquiesça à cette demande. Pendant six mois, les assemblées primaires et supérieures se réunirent, délibérèrent librement sur les grandes questions politiques, économiques et sociales qui s'agitaient de toutes parts. Des cahiers résumant les doléances et les vœux de la nation furent rédigés et constatèrent, d'une manière durable, les véritables aspirations du peuple français.

789. — Cahiers de vœux et doléances.

Il réclamait le rappel des parlements, la suppression des priviléges *pécuniaires* du clergé et de la noblesse, la liberté individuelle, la liberté de la conscience et la liberté de la presse, mais règlementée et maintenue dans de sages limites.

Du reste, il renouvelait avec unanimité les sentiments de fidélité, de dévouement et d'amour envers le souverain ; il maintenait la royauté, la religion catholique, les prérogatives des ordres du clergé et de la noblesse, les droits des parlements, les Etats provinciaux et les institutions paroissiales et les corporations industrielles et populaires. Le roi, les prêtres et les nobles adhéraient à ces résolutions nationales ; l'accord était complet ; un pacte social, inouï dans les sociétés humaines, allait être solennellement sanctionné et proclamé.

Les Etats-Généraux, devenus l'Assemblée nationale constituante, ont-ils adopté ce pacte proposé par la nation, accepté par le roi ? Nullement ! Tous ceux qui connaissent les actes de cette Asssemblée savent qu'ils furent toujours en opposition directe avec la volonté nationale, qu'ils en furent la continuelle négation. Elle détruisit ce qu'avaient maintenu les cahiers de 1789 ; elle établit ce qu'ils n'avaient point demandé, ce qu'ils avaient nécessairement exclu.

Comment les députés aux Etats-Généraux qui avaient reçu des électeurs leurs cahiers de doléances et de vœux, qui avaient juré de rester fidèles à leurs mandats, furent-ils entraînés à trahir des serments solennellement prêtés ?

Plusieurs causes, les unes éloignées, les autres prochaines, produisirent ce funeste résulat : 1° le protestantisme qui avait détruit le principe de l'autorité, engendré l'esprit de discussion et de révolte, introduit les factions et les tendances républicaines ; 2° la société des Francs-Maçons fortement organisée ou réorganisée en France dans le xviiie siècle ; 3° les écrits de Voltaire ; 4° ceux de J.-J. Rousseau : ceux-ci exaltent l'esprit, ceux là corrompent le cœur.

Le duc d'Orléans appartenait à la Franc-Maçonnerie ; en 1772, il était devenu le grand-maître de l'ordre. Dévoré d'ambition et entouré d'ambitieux, il aspirait au trône. Son lieutenant-général Mirabeau traça le plan d'une révolution qui lui offrait la perspective de la royauté mais qui ne tarderait pas à instituer en France le régime républicain. Voilà ce programme arrêté par lui avec son confident Chamfort et communiqué par celui-ci à l'académicien Marmontel au mois de mai 1789, aussitôt après la réunion des Etats-Généraux.

« L'édifice social est si délabré qu'il faudra le démolir de fond en comble. On le rétablira sur un plan gothique et plus régulier ; il n'y aura plus tant d'étages, tout sera de plain-pied. On n'entendra plus parler ni d'Eminences, ni de Grandeurs, ni de titres, ni d'armoiries, ni de noblesse, ni de roture, ni du haut, ni du bas clergé. Le trône et l'autel tomberont ensemble ; ce sont deux

Programme révolutionnaire de Mirabeau.

arcs-boutants appuyés l'un par l'autre ; dès que l'un des deux sera brisé, l'autre devra fléchir.

« Pour atteindre ce but, toutes les difficultés sont prévues, tous les moyens sont calculés. Ces calculs sont fondés : sur le caractère du roi, si éloigné de toute violence qu'on le croit pusillanime ; sur l'état actuel du clergé où il n'y a plus que quelques vertus sans talents et quelques talents dégradés et déshonorés par des vices ; enfin, sur l'état même de la haute noblesse qui est dégénérée et dans laquelle peu de grands caractères soutiennent l'éclat d'un grand nom. Mais c'est surtout en lui-même que le Tiers-Etat met sa confiance. Cet ordre, fatigué depuis longtemps d'une autorité arbitraire et graduellement oppressive jusque dans ses derniers rameaux a, sur les deux autres, non seulement l'avantage du nombre, mais celui du courage et de l'audace à tout braver. Enfin, ce long amas d'impatience et d'indignation comme un orage est prêt à crever. Partout l'insurrection et la confédération sont déclarées. Au signal donné par la province du Dauphiné, tout le royaume est prêt à répondre par acclamation qu'il prétend être libre. Les provinces sont liguées, leur correspondance est établie, et, *de Paris comme d'un centre, l'esprit républicain ira porter au loin sa chaleur avec sa lumière.*

« Le duc d'Orléans sera le chef apparent du peuple ; nous n'avons pas grande opinion de son courage. Mirabeau lui-même dit que ce serait bâtir sur de la boue que de compter sur lui. Mais il s'est montré populaire, il porte un nom qui en impose, *il a des millions à répandre.* Il déteste le roi, encore plus la reine, et si le courage lui manque on lui en donnera ; car dans le peuple même on aura des chefs intrépides, surtout dès le moment qu'ils se seront montrés rebelles et qu'ils se croiront criminels. Il n'y a plus à reculer lorsqu'on n'a derrière soi pour retraite que l'échafaud. La peur sans l'espérance du salut est le véritable courage du peuple. L'argent surtout et l'espoir du pillage sont tout puissants parmi ce peuple. *Nous venons d'en faire l'essai au faubourg Saint-Antoine, et l'on ne saurait croire combien peu il en a coûté au duc d'Orléans pour faire saccager la manufacture de cet honnête Réveillon qui, dans ce même peuple, faisait subsister cent familles. Mirabeau soutient plaisamment qu'avec un millier de louis on peut faire une jolie sédition.*

« Avons-nous à craindre l'opposition de la grande partie de la nation qui ne connaît pas nos projets et qui ne serait pas disposée à nous prêter son concours? Sans doute, dans ses foyers, à ses comptoirs, à ses bureaux, à ses ateliers d'industrie, la plupart de ces citadins casaniers trouveront peut-être hardis des projets qui pourraient troubler leur repos et leurs jouissances. Mais s'ils les désapprouvent, ce ne sera que timidement et sans bruit. Du reste, la nation sait-elle ce qu'elle veut ? *On lui fera vouloir et on lui fera dire ce qu'elle n'a jamais pensé.* Si elle en doute, on lui répondra comme Crispin au légataire : *C'est votre léthargie. La nation est un grand troupeau qui ne songe qu'à paître, et qu'avec de bons chiens les bergers mènent à leur gré.* Après tout, c'est son bien que l'on veut faire, *à son insu.* Ni son vieux régime, ni son culte, ni ses mœurs, ni toutes ses antiquailles de préjugés ne méritent qu'on les ménage. Tout cela fait honte et pitié à un siècle comme le nôtre, et pour tracer un nouveau plan il faut faire place nette.

On aura, s'il est nécessaire, *pour imposer à la bourgeoisie cette classe déterminée qui ne voit rien pour elle à perdre au changement et croit avoir tout à gagner.* Pour l'ameuter, on a les plus puissants mobiles : *la disette, la faim, l'argent, les bruits d'alarme et d'épouvante et le délire de terreur et de rage dont on frappera ses esprits.* La bourgeoisie ne produit que d'élégants parleurs ; tous ces orateurs de tribune ne sont rien en comparaison de ces Démosthènes *à un écu par tête qui, dans les cabarets, dans les places publiques, dans les jardins et sur les quais, annoncent des ravages, des incendies, des villages saccagés, inondés de sang, des complots d'assiéger et d'affamer Paris.* Ainsi le veut le mouvement social. Que ferait-on de tout ce peuple en le muselant des principes de l'honnêteté et du juste. Les gens de bien sont faibles et timides ; *il n'y a que les vauriens qui soient déterminés.* L'avantage du peuple dans les révolutions est de n'avoir point de morale. *Comment tenir contre des hommes à qui tous les moyens sont bons ?* Il n'y a pas une seule de nos vieilles vertus qui puisse nous servir ; il n'en faut point au peuple, ou il lui en faut d'une autre trempe. *Tout ce qui est nécessaire à la révolution, tout ce qui lui est utile est juste : c'est là le grand principe.* »

Voilà l'horrible programme tracé par Riquetti Mirabeau, par ce Catilina moderne dans les veines duquel circulait le pire sang de l'Italie. Le génie du mal, un génie infernal, avait conçu cet abominable projet de supprimer la Divinité, de détruire la Religion, la morale, la royauté et toutes les institutions auxquelles la France avait dû quatorze siècles d'existence et de prospérité. Et pour accomplir cette œuvre satanique, il fallait corrompre le peuple, l'exciter par l'argent, la convoitise, l'espoir du pillage, l'enivrer de l'odeur du sang. A titre d'essai, on lui avait fait saccager la manufacture d'un père de famille ; on avait, en une heure, détruit le fruit des épargnes d'une vie entière de pénibles labeurs.

Il est donc démontré que la nation française ne voulait point la révolution. Le peuple honnête et laborieux n'était point jaloux des supériorités sociales ; il avait son existence civile, ses corporations, ses syndics ; il avait une place marquée dans l'administration des paroisses et des cités. L'élite du peuple recrutait la bourgeoisie. Ces nouveaux venus dans une position plus élevée conservaient les mâles vertus de la classe populaire, les habitudes traditionnelles d'esprit religieux, de vertu, d'ordre et d'économie. Les sommités de la bourgeoisie étaient appelées à combler les vides que le temps produisait dans les rangs de la noblesse. Ainsi se liaient et marchaient parallèlement les ordres de l'Etat, sans se heurter ni se froisser. L'union et la concorde régnaient généralement entre eux. On peut s'en convaincre en lisant les procès-verbaux de l'assemblée des Etats du Dauphiné, rédigés en 1788. Le cahier du tiers-état de la province du Forez, en date du 20 mars 1789, se terminait ainsi : « Un vœu du troisième ordre, non moins cher à son cœur, est que, dans l'Assemblée nationale et dans tout le royaume, on répète à grands cris : *Vive le clergé! Vive la noblesse! Vive à jamais la réunion des trois ordres pour le bonheur de la France!*

Les historiens de la Révolution, MM. Thiers, Louis

Blanc et autres se sont bien gardés de citer le programme de Mirabeau ; il aurait jeté une trop vive lumière sur les origines du mouvement de 1789 ; il les aurait contraints de renoncer à la fable et de retracer la vérité.

L'ordre des avocats naturellement républicain.

Marmontel a signalé une autre cause très-efficace de la substitution de la révolution organisée par Mirabeau à la réforme demandée et votée par la nation : « On sait, disait-il à la même époque, qu'émouvoir les passions du peuple fut toujours l'office de l'éloquence de la tribune et, parmi nous, la seule école de cette éloquence populaire était le barreau... Le moyen le plus sûr de propager la doctrine révolutionnaire avait donc été d'engager dans son parti le corps des avocats et rien n'avait été plus facile. *Républicain par caractère*, fier et jaloux de sa liberté, *enclin à la domination* par l'habitude de tenir dans ses mains le sort de ses clients, répandu dans tout le royaume, en possession de l'estime et de la confiance publiques, en relations naturelles avec toutes les classes de la société, habile dans l'art d'émouvoir et de maîtriser les esprits, l'ordre des avocats devait avoir sur la multitude une influence irrésistible. On sent quel intérêt avait ce corps *de changer la réforme en révolution, la monarchie en république; c'était pour lui une aristocratie perpétuelle qu'il s'agissait d'organiser.* Successivement destinés à être les moteurs de la faction républicaine, rien ne convenait mieux à ces hommes ambitieux qui, partout en autorité de lumières et de talents, seraient, à tour de rôle, appelés aux fonctions publiques, et, *seuls ou presque seuls, les législateurs de la France, d'abord ses premiers magistrats, ensuite ses souverains.*

Ainsi c'était la société de la franc-maçonnerie, — représentée par son grand-maître, le duc d'Orléans, par Mirabeau, Chamfort, Cabanis, ses grands dignitaires, par la foule des philosophes, ardents propagateurs des impiétés de Voltaire, des rêveries de Jean-Jacques Rousseau, implacables ennemis de la religion chrétienne, renforcée par l'ordre des avocats, — qui déclarait une guerre à mort à la société française et se proposait de constituer sur ses ruines et à son profit exclusif un monde nouveau.

La monarchie française était fondée sur le droit divin. Ce droit régissait alors le monde chrétien tout entier. Il ne signifiait pas une dépendance absolue et servile des sujets avec le souverain ; mais il constatait l'origine et l'émanation de tout pouvoir venant directement de Dieu. Le droit divin s'attachait à tous les chefs des sociétés humaines, aux doges, au stathouder de la Hollande, aux avoyers et magistrats de la République suisse, au président des Etats-Unis d'Amérique, tout aussi bien qu'aux monarques de l'Europe. Il conférait à tous l'autorité et les droits qui en découlent, mais il leur imposait en même temps des obligations sacrées envers leurs sujets. Les devoirs du peuple étaient consacrés par la loi divine, mais ils avaient pour règle et pour limites les lois de la morale, de la conscience et de la religion. Si le souverain leur donnait des ordres contraires à ces grands principes d'éternelle vérité, ils avaient le droit, non de s'insurger contre le prince, mais de résister passivement à des volontés injustes et tyranniques. Ainsi le droit divin protégeait le souverain contre l'insubordination de la multitude et les nations contre le despotisme de leurs chefs. Dans le moyen âge, les Papes avaient été, d'un commun accord, investis d'une autorité d'arbitrage entre les peuples et les rois. Ils avaient combattu les envahissements des empereurs d'Allemagne ; ils avaient préservé l'Italie de la conquête et l'Europe de la domination universelle qui la menaçait.

Politique traditionnelle de la France.

La politique de la France avait toujours eu pour maxime la protection des faibles, la conservation des petits Etats qui formaient obstacle à l'ambition des grandes puissances et par ce système modérateur elle maintenait avec soin l'équilibre européen. Longtemps elle avait combattu la dangereuse prépondérance de la maison d'Autriche, mais elle avait vu poindre au commencement du XVIIIe siècle l'avénement, l'organisation menaçante des peuples du Nord ; elle avait prévu les dangers qui préparaient de grandes luttes dans un avenir prochain. Déjà liée par des communautés de dynastie et par des traités à l'Espagne et à l'Italie, elle avait récemment contracté avec l'Autriche une alliance intime qui constituait une puissante ligue du Midi, laquelle devait prévenir ou permettre de combattre avec succès les tendances ambitieuses et les coalitions des peuples du Nord.

But et plan de la franc-maçonnerie.

La secte franc-maçonnique rêvait aussi dans l'ombre la domination universelle par le renversement de tous les trônes et par la proclamation générale du régime républicain dont elle aurait la direction perpétuelle.

La divinité, les lois religieuses, la morale, formaient

un obstacle invincible à la réalisation de ses projets ambitieux. Le respect de Dieu impliquait le respect de l'autorité dont étaient revêtus ceux qui, en son nom et conformément à ses lois, gouvernaient le monde, chefs de monarchie, d'aristocratie, de démocraties. Déjà organisés dès l'année 1725, les francs-maçons n'osèrent pas d'abord, au milieu de peuples profondément religieux, afficher l'athéisme, mais au nom de Dieu ils substituèrent l'interpellation vague et fantastique « du grand architecte de l'univers » qu'ils reléguèrent dans un coin de l'empyrée, dépourvu d'attribution et de direction. Ils restaient ainsi les maîtres de l'univers, seuls chargés de le diriger à leur gré.

Le programme maçonnique de Mirabeau-Chamfort passait Dieu sous silence, supprimait la religion et la morale et proclamait la souveraineté du peuple.

Le peuple souverain ! ce principe ne peut être vrai, et même jusqu'à un certain point, que dans une paroisse, une commune, une petite cité. Là tous les habitants peuvent, à la rigueur, se rassembler, délibérer et régler eux-mêmes leurs intérêts et leurs destinées. Mais dans une province, à plus forte raison dans un grand Etat, les citoyens trop nombreux ne peuvent se régir eux-mêmes ; ils sont fatalement condamnés à déléguer leurs pouvoirs à des mandataires, à des représentants.

La souveraineté du peuple proclamée en 1789 par les francs-maçons n'était donc en réalité que l'asservissement complet du peuple à une aristocratie athée d'où sortiraient tour à tour les l[illegible]eurs de la France, d'abord ses premiers ma[gi]strats, ensui[te] ses souverains.

Sous l'ancienne monarchie française, symbole et principe de franchise et de liberté, les électeurs appelés à nommer des députés se réunissaient, délibéraient sur les questions qui devaient être soumises aux Etats Généraux, formulaient par écrit leurs résolutions, et les mandataires s'obligeaient par serment à y conformer leurs votes. Les francs-maçons parvenus au pouvoir ont aussitôt repoussé ces pratiques ; les électeurs n'ont plus été renseignés à l'avance sur les matières qui devaient être traitées dans les assemblées nationales, ils n'ont pu délibérer et émettre des vœux ; leur mission matérielle s'est bornée à nommer des députés auxquels ils ont donné des blanc-seings et des pouvoirs illimités. Voilà le rôle du peuple souverain ; il n'exerce sa souveraineté que dans les clubs où dominent les pervers et dans les émeutes et insurrections où commandent les plus audacieux, les plus scélérats.

La souveraineté nominale du peuple est donc la propriété privilégiée des intrigants qui le séduisent par la plume, par la parole et par de brillantes et fallacieuses promesses. Avant 1789, les Français motivaient leurs votes ; ce droit a été confisqué par le despotisme franc-maçonnique.

Le droit divin qui régissait autrefois les sociétés chrétiennes et s'imposait aux chefs et aux nations monarchiques, aristocratiques et démocratiques leur enseignait à tous leurs devoirs fondés sur les lois immuables de l'éternelle justice. L'observation stricte de ces devoirs était la plus efficace garantie du maintien des droits et de la liberté de tous.

Le système moderne et athée de la souveraineté populaire, ayant supprimé la religion et la morale, ne laisse aucun fondement, aucun principe, aucune règle aux décisions de la multitude. Elle n'a qu'une seule base continuellement mouvante, le nombre, la force aveugle et brutale du nombre. Cette base se déplaçant sans cesse, la loi du matin peut n'être plus celle du soir, celui qui est souverain la veille peut rentrer dans la foule le lendemain. Dans une année, dans un mois, dans une semaine, une nation peut être tour-à-tour gouvernée par un seul homme, par plusieurs, par tous. Nul n'a le droit de se plaindre du vote qui le précipite soudainement du haut de l'échelle sociale. Empereur, roi, dictateur, président, il peut à chaque instant subir une complète déchéance ; le souffle populaire l'avait élevé, un souffle contraire le renverse : voilà le droit moderne dans sa véritable et brutale réalité. Voilà la charte des nations régies par les maximes révolutionnaires.

Un franc-maçon contemporain a dit : « La forme prime le droit. » Cette formule est inexacte ; il n'y a pas de primauté sur ce qui n'existe pas. Il faut dire aujourd'hui : « Le droit ne subsiste plus, la force seule existe. » On proclamait autrefois cette maxime : « Il n'y a pas de droit contre le droit. » Il faut la remplacer par celle-ci : « Il n'y a pas de droit contre la force. La force moderne a remplacé le droit antique. »

Tel était le système que Mirabeau avait résolu de faire adopter par les Etats-Généraux composés d'ecclésiastiques, de nobles et de députés du Tiers-Etat : le système qu'il voulait imposer à la nation française, c'était l'étendard de la Révolution en permanence.

Cependant la nation n'avait voté que des réformes, tel était le drapeau qu'elle avait confié à ses délégués et ils avaient juré de le conserver fidèlement. Le roi l'avait accueilli avec empressement ; le peuple et le souverain étaient entrés et marchaient d'accord dans cette voie commune de réforme sociale.

Le génie infernal de Mirabeau vint à bout de diviser ce qui était uni, de renverser un obstacle qui semblait insurmontable. L'Assemblée comptait un certain nombre de philosophes, disciples de Voltaire et de Rousseau, plusieurs protestants, beaucoup d'ambitieux et cent quatre-vingt-douze avocats. On y trouvait aussi beaucoup de novateurs de bonne foi, croyant au perfectionnement de l'humanité par de nouvelles constitutions. Aux hommes honnêtes et consciencieux qui repoussaient les innovations comme contraires à leurs devoirs et à leurs serments et opposaient à ces propositions les cahiers dont la garde leur avait été confiée, Mirabeau répondit avec un superbe dédain aristo-démagogique : « Eh bien! qu'avez-vous à faire ici? Laissez vos cahiers sur vos siéges, ils voteront pour vous. » Ce pitoyable sarcasme déconcerta ces hommes de bien qui voulaient rester fidèles à leurs serments, ils cédèrent ; la voix de la nation fut méconnue, ses votes furent lacérés ; son antique constitution fut abolie. Le droit moderne, le droit de l'athéisme, la glorification des passions et des convoitises humaines, le régime brutal du nombre, de la force, de la soumission aveugle, de la servitude nationale fut substitué aux franchises et aux libertés dont la France avait été dotée par ses anciens rois.

Les maîtres de l'Assemblée, ayant ainsi fait table rase de toutes les institutions nationales, élaborèrent, sous l'inspiration des systèmes de J.-J. Rousseau, le nouveau code social, convaincus dans leur naïf orgueil qu'on peut régir une nation âgée de quatorze siècles au rebours de son culte, de ses traditions, de son histoire, de ses mœurs, de ses habitudes, de sa vie intime, des monuments qui couvrent son sol, forment les étapes de son existence sociale. Savants organisateurs de cette nouvelle tour de Babel, ils devaient périr presque tous à la peine ou tomber écrasés sous la chute des pierres sans cesse détachées de cet informe et imparfait édifice.

Arrière donc toute la poésie révolutionnaire répandue avec art et à profusion dans les histoires romanesques de MM. Thiers, Lamartine, Louis Blanc, etc., etc. ! Prenons pour guide le programme lumineux de Mirabeau, il éclairera les scènes néfastes prédites à l'avance par le tribun franc-maçon. Nous retrouvons partout : les Démosthènes du peuple payés *à un écu par tête* sur le trésor du duc d'Orléans ; la bande de pillards formée dans le saccage de la manufacture de Réveillon ; ces mêmes pillards devenus assassins se ruant sur la Bastille, égorgeant Delaunay et les invalides, Berthier, Foulon Flesselles ; le cortége sinistre des 5 et 6 octobre, le roi et sa famille ramenés en triomphe par une foule déguenillée, avinée, hideuse ; l'invasion des Tuileries au 20 juin ; la prise de ce palais le 10 août par la lie de la population recrutée à Marseille par Barbaroux, ami de Rolland, après l'horrible boucherie de cinq mille défenseurs de la royauté expirante, immolés par ces brigands ; la détention de Louis XVI et de sa famille au Temple ; l'odieuse parodie de la justice qui le condamna à mort ; son supplice le 21 janvier 1793, suivi du meurtre de la reine et de la princesse Elisabeth ; l'abominable tyrannie exercée sur le jeune Louis XVII par le cordonnier Simon, digne exécuteur de l'exécrable sentence du philosophe Diderot et des fureurs des Jacobins.

La franc-maçonnerie devait être satisfaite ; moins de quatre années avaient suffi pour renverser, mutiler et

Chute de la monarchie

frapper à mort la monarchie qu'avait fondée Clovis, qu'avaient gouvernée Charlemagne, Philippe-Auguste, saint Louis, Henri IV, Louis XIV. Tout avait été détruit : le roi très-chrétien, après avoir été contraint de signer la constitution civile du clergé, avait péri sur l'échafaud ; la nation fille aînée de l'Eglise avait vu en frémissant dans ses temples dénudés l'encens brûler en adoration devant la déesse Raison représentée par des filles ou des femmes qui se prêtaient avec complaisance à ces parades sacriléges. Les prêtres et les religieux, les femmes liées par des vœux monastiques, dépouillés de leurs biens, exépulsés de leurs couvents, avaient subi l'exil ou la mort, refusant presque tous de se soumettre à des lois tyranniques et anti-catholiques. Les nobles, habitués à verser leur sang sur le champ de bataille, l'avaient abondamment répandu sous le couperet de la guillotine qui avait encore frappé plus de plébéiens que de membres des classes privilégiées. Les parlements, si chers à la nation, dont l'exil avait été la cause directe du mouvement réformiste, la cause indirecte et imprévue de la fureur révolutionnaire, avaient été supprimés par les francs-maçons, disciples et successeurs du franc-maçon Voltaire, héritiers de sa haine furieuse contre ces grands corps judiciaires qui poursuivaient les auteurs d'écrits anti-religieux et faisaient brûler leurs livres par la main du bourreau. Rien n'avait échappé à la proscription générale, ni les Etats provinciaux réorganisés en 1787, ni les corporations industrielles. Ces prétendus amis du peuple avaient même frappé à mort les corporations d'arts et métiers qui constituaient la vie civile du peuple en lui donnant droit de cité, prérogative plus utile et plus glorieuse pour lui qu'une prétendue souveraineté qu'il ne pouvait exercer qu'au profit des charlatans qui le flattaient et le trompaient pour obtenir par ses votes les charges, les honneurs et le pouvoir.

Mais au milieu de toutes ces ruines, sur les débris de ces sociétés et de ces nombreuses corporations qui faisaient naguères la force et la gloire de la France, la franc-maçonnerie subsistait seule ; elle avait eu soin de s'excepter de la proscription générale et de maintenir son existence. Ainsi que l'avait prédit Marmontel, les francs-maçons et les avocats, généralement affiliés à cette société secrète, restaient seuls, ou presque seuls, *les législateurs de la France, d'abord ses premiers magistrats, ensuite ses souverains.*

Jules César avait employé dix années pour la conquête de la Gaule ; l'habileté infernale des francs-maçons n'avait pas demandé quatre ans pour la conquête de la France. Et maintenant qu'allaient-ils faire de cette riche proie ?

L'organisation de la franc-maçonnerie avait été opérée avec une habileté satanique. Tous ses adeptes promettaient un silence absolu dont la violation était punissable de la peine de mort. De nombreux degrés séparaient les grades inférieurs des grades supérieurs. Les adeptes des premiers rangs n'étaient pas initiés aux grands secrets de l'ordre. Quelques préceptes banaux de fraternité, d'humanité, de progrès, étaient seuls départis aux nouveaux frères qualifiés d'apprentis, de compagnons. La révélation du véritable but et des statuts secrets de l'ordre n'était faite que successivement à ceux qui, après en avoir été reconnus dignes, étaient appelés aux degrés de maîtres, de Rose-Croix, du chevalier Kadoche, etc. Le grand-maître et les plus hauts dignitaires étaient seuls initiés à la plénitude des secrets de l'ordre.

Le système de la franc-maçonnerie était de faire entrer dans ses rangs, dans ses loges, le plus grand nombre possible d'adeptes appartenant à tous les rangs, à toutes les professions, même aux deux sexes, mais surtout les savants, les riches, les grands, les princes, même les monarques. Ceux-ci, en général, étaient maintenus dans les rangs inférieurs et n'étaient jamais initiés aux grands secrets de l'ordre maintenus avec un soin rigoureux dans les rangs supérieurs et inconnus à tous ceux qui occupaient les degrés inférieurs. Ainsi par cette machiavélique combinaison elle trouvait des appuis et des protecteurs dans ceux-là mêmes dont elle méditait et préparait la ruine. Ses nombreuses loges couvraient la France, l'Italie, l'Allemagne, l'Angleterre, l'Europe presque tout entière.

Le roi de Prusse, Frédéric II, avait été affilié à cette société. On connaît ses rapports avec Voltaire, rapports empreints d'une intimité apparente, souvent troublés par la vanité de l'écrivain, par l'orgueil du monarque, mais maintenus en public dans leur intérêt personnel. On sait de quelles basses adulations Voltaire caressait l'amour-propre du souverain. Il ne cessait de le glorifier aux dépens de ses concitoyens et de sa patrie. Après lui, la secte philosophique et franc-maçonnique avait rêvé la substitution d'un roi prussien et athée au roi très-chrétien. Mais la rapidité du mouvement révolutionnaire, commencé en 1789, fit comprendre aux francs-maçons, qui ne faisaient que des promesses fallacieuses au duc d'Orléans, qu'ils n'avaient nul besoin du concours d'un prince étranger et qu'ils pouvaient bénéficier directement de la chute du trône des Bourbons et réaliser de suite leur rêve d'une république française d'abord et bientôt européenne. C'était donc à eux seuls que devaient profiter la victoire du 10 août 1792, le crime du 21 janvier 1793.

Les disciples de Mirabeau étaient restés unis tant qu'avait duré la guerre impie déclarée par eux à Dieu, à la religion, au meilleur des rois, à la France, aux institutions nationales. Victorieux, ils ne tardèrent pas à se diviser. Le groupe de députés qualifiés de Girondins, secondé par Barbaroux qui, après l'insuccès du 20 juin, avait recruté tous les brigands de Marseille, eut les honneurs de la journée du 10 août ; il en recueillit aussi les bénéfices et se saisit du pouvoir sous la direction de la trop célèbre Madame Rolland, de cette femme pétrie d'orgueil, d'ambition, d'envie et de fiel, hautaine et cruelle envers les faibles et les désarmés, le Pape, Louis XVI, Marie-Antoinette. Les conspirateurs qui n'avaient pas été admis à la curée, ou qui ne croyaient pas y avoir reçu une part suffisante, Robespierre, Danton et une foule d'autres se coalisèrent pour conquérir le pouvoir que leur refusaient les triomphateurs satisfaits. Ils réorganisèrent les brigands de Marseille et de Paris restés en partie inactifs pendant quelques jours. Les horribles massacres des prisonniers commencèrent le 2 septembre et continuèrent pendant dix jours sans que les Girondins parussent s'en apercevoir et s'en préoccuper. Ces chefs d'assassins prirent alors le nom de Montagnards et la guerre civile commença entre les destructeurs de la royauté.

Une nouvelle Assemblée fut élue sous la direction et l'influence des révolutionnaires. A sa première réunion, sur la motion d'un comédien, elle proclama la République, sans délibération, sans discussion, sans vote

Proclamation
la République

individuel, par le mode d'acclamation qui impose à tous la volonté de quelques audacieux. Le peuple déclaré souverain ne fut point appelé à ratifier cette décision tumultueuse. Les vœux unanimes de la nation proclamés en 1789 furent foulés aux pieds ; un petit nombre de factieux détruisirent en un instant l'œuvre des siècles, le pacte renouvelé par six millions de Français.

Le jugement de Louis XVI, que l'on refusa de soumettre à la révision du peuple, rapprocha momentanément les deux partis qui se disputaient le pouvoir, et après sa mort une guerre acharnée recommença entre eux. Les Girondins s'étonnaient qu'on osât leur disputer le bénéfice de leur victoire ; ils voulaient retenir à tout prix l'héritage de Louis XVI tombé entre leurs mains. Poursuivis sans relâche par leurs anciens employés, abandonnés par les populations qu'ils tentaient vainement de soulever, ils tentèrent de démembrer la France et d'établir leur domination sur les provinces du Midi. Ils échouèrent encore dans cette tentative égoïste et anti-nationale. Traqués de toutes parts, ils périrent presque tous de mort violente frappés par la justice vengeresse du Ciel qu'ils avaient trop longtemps bravée et outragée. Vainement les révolutionnaires, les francs-maçons, les sociétés secrètes, la tourbe des ambitieux qui ont suivi leur exemple et marché sur leurs traces, ont tenté de poétiser leur mort et de réhabiliter leur mémoire. L'histoire impartiale et sévère les flétrira impitoyablement et les livrera à la postérité comme de grands coupables, premiers auteurs des discordes intestines et des désastres de la France, justement punis de leurs forfaits et du sang versé par leurs ordres et sous leur direction.

La Terreur, organisée à la suite de ces luttes sanglantes, fut la conséquence naturelle du déchaînement des passions révolutionnaires opéré par les violences du 14 juillet, des 5 et 6 octobre, du 20 juin, du 10 août et par l'exécrable parricide du 21 janvier. Cet effroyable régime couvrit la France de sang et de deuil. Aveugle dans ses fureurs, elle fit de plus grands ravages dans les rangs des plébéiens que dans ceux du clergé et de la noblesse. Mais au milieu de ces désastres, la franc-maçonnerie consolidait son empire. Dès 1794, le grand chapitre des Maçons allemands disait : « L'ordre maçonnique a révolutionné les peuples de l'Europe pour de longues générations. » Il recueillait ainsi le fruit de ses lentes mais continuelles manœuvres. Suivant M. Edmond About, il n'avait cessé de conspirer depuis l'an 1725 jusqu'à la Révolution de 1789.

Le Directoire ne fut pas sanguinaire, mais il comprima également les vœux de la nation, ses aspirations monarchiques. La détention, la proscription et l'exil punirent ceux qui redemandaient leur Dieu et leur Roi. La franc-maçonnerie triomphait, mais elle prit un nouveau masque, elle s'appela la Théophilanthropie.

Napoléon Bonaparte, obscur d'abord, mais dévoré d'ambition, avait déserté les rangs de la noblesse pour s'affilier à la puissante Société des Jacobins. Sous le Directoire, il avait offert au gouvernement l'appui de sa renommée militaire et le concours de son armée pour réprimer les manifestations royalistes qui se reproduisaient sans cesse. Bientôt il jugea le moment propice pour rétablir, mais à son profit, le régime monarchique. Le 18 brumaire maintint provisoirement la République, mais prépara l'établissement de l'Empire.

Bonaparte au pouvoir.

Ce coup d'État militaire enlevait à la franc-maçonnerie le pouvoir dont elle jouissait depuis huit ans, mais c'était encore la Révolution qui triomphait et cette secte a pour élément l'atmosphère révolutionnaire. Elle accepta le second rang en attendant qu'elle pût regagner le premier ; elle se glissa dans les antichambres du nouveau maître, dans ses conseils et surtout dans l'Université où elle put diriger à son gré les nouvelles générations et leur inculquer ses principes et ses systèmes matérialistes. A ces conditions « elle se laissa faire sujette du despotisme pour devenir souveraine », a dit le franc-maçon Bazot.

Retour des Bourbons.

Le retour des Bourbons semblait devoir lui porter un coup mortel, mais, souple comme le serpent, elle sait se replier et ramper à propos. Elle s'accommoda aux circonstances ; elle se ménagea les moyens de conspirer dans l'ombre, en se conformant extérieurement à toutes les exigences de la situation, si contraire à ses tendances et à ses aspirations. Les francs-maçons célébrèrent le retour du roi légitime ; ils jurèrent de défendre les lis et de mourir pour le maintien de la famille des Bourbons ; ils souscrivirent pour l'érection de la statue d'Henri IV !

Pendant que la nation s'applaudissait d'être débarrassée des excès de la Révolution et de la tyrannie d'un officier de fortune, de toutes parts s'ourdissaient des trames pour miner sourdement la royauté et préparer sûrement sa chute. Toutes les forces révolutionnaires se coalisaient et complotaient dans l'ombre. Les anciens républicains, une génération nouvelle élevée dans l'impiété, dévorée d'ambition, décorée du nom de *libérale*, les nombreux soldats et les anciens fonctionnaires de l'empire, les adeptes de nouvelles Sociétés secrètes, nommées en Italie les *Carbonari*, et portant en France divers noms, et enfin l'état-major et l'armée de la France maçonnique formée depuis un siècle à l'art ténébreux des conspirations, mirent tous en commun leurs craintes, leur antipathie, leurs convoitises et leurs ressources respectives. Bientôt éclatèrent sur divers points du territoire des tentatives d'émeute et d'insurrection qui furent promptement réprimées. Pour échapper aux recherches de la justice, les Carbonari, les affiliés des diverses Sociétés secrètes se refugièrent dans les loges maçonniques où ils dissimulèrent facilement sous le titre de frères leur véritable origine. Ainsi, suivant le témoignage du journal le *Siècle*, « la franc-maçonnerie a été le berceau et la pépinière de la célèbre Société secrète des Carbonari, laquelle mit en danger la Restauration et contribua dans une si large proportion à la renaissance du parti républicain en France. » C'est dans les bas-fonds de la société, dans les repaires des conspirateurs que se forma le germe des idées républicaines antipathiques à la nation française.

On sait quels moyens employèrent ces éternels ennemis de la tranquillité publique, les attaques contre le souverain, l'outrage et l'insulte à la religion, à ses ministres, la réimpression et la propagation des mauvais livres, l'ardeur de la polémique de la presse quotidienne et l'appel continu aux passions populaires et démagogiques. Et cependant ils faisaient arriver aux grandes charges publiques un grand nombre de leurs adeptes ; le frère Decazes entrait dans les conseils du roi. Une loi électorale livrait aux francs-maçons la direction des colléges d'arrondissement. Ils parvenaient même à obtenir une grande prépondérance dans les colléges de département. Ils formèrent ainsi des chambres libérales, c'est-à-dire hostiles à la royauté.

Tentative pour la restauration de l'Empire.

En 1827, l'édifice monarchique paraissait suffisamment miné; une forte secousse pouvait le renverser. Mais avant d'imprimer ce dernier mouvement, il fallait préparer les bases du nouveau régime qui serait bientôt inauguré. Lafayette rêvait encore la République; mais les scènes sanglantes de la Terreur, les souvenirs de la corruption du Directoire ne permettaient pas la substitution immédiate de la forme démocratique. D'ailleurs, les bonapartistes avaient prêté un puissant concours à la coalition pour la création de la fantastique légende napoléonienne; il fallait compter avec eux; on arrêta la restauration de l'empire. Un des conjurés, le docteur Lasnier, originaire de Saint-Etienne, député de la Loire, fut désigné pour aller en Italie et y chercher un candidat dans la famille Bonaparte. Il accepta cette mission, mais ses démarches furent infructueuses. Aucune des branches de cette famille ne put lui fournir un homme qui parût capable de monter sur le trône de Napoléon Ier. Ce mécompte suspendit les projets des conspirateurs et fit ajourner la chute du trône des rois légitimes.

On est confondu d'épouvante et d'indignation en voyant une poignée de factieux disposer ainsi à leur gré des destinées d'une grande nation, enlever à l'heure qui lui convient la couronne que portent les rois qu'elle a acclamés et qu'elle chérit, et lui dire comme le statuaire au bloc de marbre : « Que ferai-je de toi ? Seras-tu un empire, une royauté bâtarde, une oligarchie ou une république? » Et ce sont ces mêmes hommes qui ont inventé la souveraineté du peuple, qui se prosternent à ses genoux et lui disent : « Nous te saluons, nous te proclamons roi !!! » Ces contempteurs de Dieu, de leur patrie, de la conscience et de la vérité, ces jongleurs, ces charlatans étaient bien ce qu'ils se sont qualifiés plus tard, « des comédiens, des comédiens pendant quinze ans ! »

En 1830, l'orage depuis longtemps préparé éclatait, la révolution de Juillet brisait le sceptre de Charles X et jetait au loin la couronne que devait porter le jeune Henri V, légitime héritier de son oncle et de son aïeul.

Cette révolution à jamais néfaste était l'œuvre de la franc-maçonnerie ; il suffit, pour s'en convaincre, de lire les noms de ses principaux auteurs tous francs-maçons : Lafayette, Gérard, Maison, Lafitte, Schonen, Bérard, Labbey de Pompières, Alex. de Laborde, Audry de Puyraveau, Dupont de l'Eure, Mérilhou, Teste, Mauguin, Dupin aîné, Philippe Dupin, Odilon Barrot et autres. On voit que les avocats y figuraient en grand nombre, ils ne démentaient pas la prédiction de Marmontel.

Et c'est au moment où la France, paisible et florissante, avait repris sa haute position dans les conseils des nations, où la monarchie avait pansé les plaies et soldé les dettes de la Révolution et de l'Empire, en réduisant néanmoins le budget annuel à neuf cent millions, où notre glorieuse armée faisait la magnifique conquête d'Alger, que des conspirateurs renversaient une dynastie qui, après avoir, en 1814 et 1815, sauvé la France du démembrement, venait de l'agrandir d'un immense territoire arraché à la barbarie.

Eh bien ! en 1873, n'est-il pas permis d'interpeller ceux des auteurs de cette révolution néfaste qui vivent encore et de leur dire : « Si vous aviez respecté les lois de votre patrie, les règles de la justice et de la conscience ; si vous n'aviez pas impudemment trahi les serments de fidélité prêtés à votre roi ; si vous aviez laissé le jeune fils du duc de Berry monter à son heure sur le trône de ses aïeux, la France porterait-elle aujourd'hui le deuil de deux provinces ? Ses armées auraient-elles perdu leur antique gloire ? Ces drapeaux tricolores que vous avez tant célébrés orneraient-ils les monuments de Berlin ? Serions-nous isolés dans l'Europe, entourés d'Etats agrandis par une folle politique, abandonnés, méprisés et craints cependant non pour la vaillance de nos armes et de nos bras, mais à raison de la fréquence de nos éruptions révolutionnaires et de nos procédés démagogiques et incendiaires. Répondez si vous l'osez ! ou plutôt voilez-vous la face ; comme Lafitte, comme Jules Favre, demandez pardon à Dieu et aux hommes de votre participation à cette sinistre révolution, laquelle a été le premier pas rétrograde, la première étape dans la voie de la décadence et de la ruine de la patrie qui a eu le malheur de vous donner le jour !

La franc-maçonnerie avait décerné la couronne à Louis-Philippe ; elle comptait trouver en lui un roi fainéant, occuper en son nom la mairie du Palais, administrer et gouverner directement la France. Mais le nouveau souverain ne voulut pas être l'instrument docile de cette secte. Il écarta bientôt du gouvernement et du pouvoir Lafitte, Dupont de l'Eure, Odilon-Barrot, Lafayette et tous les francs-maçons qui auraient pu lui rappeler ses anciens engagements. Il blessa ainsi cette secte et les autres Sociétés secrètes. De fréquentes tentatives d'assassinat lui témoignèrent l'irritation causée par son oubli des serments qu'il avait prêtés. Toutefois il leur maintint la direction de l'Université et de l'instruction de la jeunesse. La franc-maçonnerie prit patience et projeta une nouvelle révolution qu'elle prépara avec prudence et mystère, mettant à profit le temps pour faire à la religion et à l'Église un mal incalculable. Elle obtint que le culte juif fût élevé au rang de religion reconnue par l'Etat, humiliant ainsi et blessant le christianisme dont il est la complète négation.

Le jour de l'expiation arriva. Des francs-maçons avaient placé sur la tête de Louis-Philippe la couronne d'Henri V ; d'autres francs-maçons la lui enlevèrent et la brisèrent. Plus audacieux que leurs devanciers de 1830, ils gardèrent pour eux la puissance que leur avait conférée l'émeute et proclamèrent la République. Les conspirateurs, à l'exception de Lamartine, appartenaient à la franc-maçonnerie ou aux Sociétés secrètes.

Jusque-là les révolutions que subissait la France étaient uniquement politiques. Lorsque l'insurrection avait triomphé, les aristocrates de la franc-maçonnerie saisissaient le pouvoir et congédiaient les bandes qu'ils avaient soudoyées. Mais, depuis 1830, les théories de Saint-Simon, de Fourier, de Cabet, les systèmes des économistes avaient été propagés par de nombreux écrits et par une presse spéciale ; ils avaient pénétré dans les classes ouvrières auxquelles on distribue abondamment l'instruction mais que l'on prive des bienfaits de l'éducation, dont on cultive l'esprit mais dont on laisse le cœur ouvert à toutes les erreurs, à toutes les

passions. Un homme jeune, inexpérimenté, dévoré
d'ambition, se chargea d'enseigner aux ouvriers les
conditions nouvelles du travail ; il les réunit dans le
palais somptueux qu'il s'était fait adjuger. S'il ne sut
pas leur donner l'enseignement pratique, il bourra
leurs cerveaux d'idées creuses, de systèmes impraticables et de fausses théories. Déjà le suffrage universel,
jeté au peuple sans règle, sans condition, par les imprudents vainqueurs du 24 février, avait surexcité les
esprits. Les nouveaux électeurs, les nouveaux souverains, enivrés des flatteries qui leur étaient prodiguées,
voulurent jouir de leurs droits. De là les néfastes et
sanglantes journées de Juin. L'insurrection fut vaincue
par la force militaire ; mais de profonds ressentiments
entrèrent dans le fond des cœurs. Peu de temps aupa-
ravant, le 3 avril 1848, le trop célèbre Caussidière,
parodiant Mirabeau, avait prononcé ces paroles : « Dites-
bien à vos stupides bourgeois, à vos gardes nationaux,
dites-leur que s'ils ont le malheur de se laisser aller à la
moindre réaction, *quatre cent mille travailleurs* atten-
dent le signal pour faire table rase de Paris ; ils ne lais-
seront pas pierre sur pierre et pour cela ils n'auront
pas besoin de fusils : des *allumettes chimiques leur
suffiront.* Le général Cavaignac ne laissa pas aux insurgés le temps de réaliser leurs menaces ; mais de telles
paroles lancées à une multitude enflammée se gravent
dans la mémoire et y restent en dépôt, jusqu'au moment où une occasion favorable permet de réaliser ces
tristes menaces.

Les créateurs de la République n'en demandent pas
la ratification au peuple. Une nouvelle Assemblée est
nommée ; elle est en très-grande partie composée de
monarchistes. Si la question du choix d'une forme

gouvernementale lui eût été soumise, si elle eût délibéré et voté librement, le rétablissement de la monarchie eût été prononcé à une immense majorité. Mais il n'est aujourd'hui si minime démocrate qui ne connaisse la formule de Danton. Les nouveaux maîtres de la France se jouent audacieusement de l'Assemblée. Ils ont réuni sur la place leurs bandes d'émeutiers du 24 février ; on entend des cris au dehors. Le peuple nous demande l'Assemblée, disent-ils ; ils se précipitent aussitôt entraînant leurs collègues ; la foule crie : « Vive la République ! » Les francs-maçons membres de l'Assemblée répètent ce cri à tue-tète. Nul n'ose protester contre cette illégalité et cette violence. Et le lendemain un procès-verbal constate que l'Assemblée nationale constituante, à l'unanimité, a acclamé la République ! Et voilà comment une infime minorité impose ses volontés à une nation entière, comment, depuis 1789, se fondent en France les gouvernements qui se succèdent si rapidement les uns aux autres.

A cette République improvisée on donne une constitution à laquelle ses rédacteurs promettent une longue durée. Elle institue un président de la République et bientôt le peuple décerne, à une immense majorité, cette dignité démocratique au fils d'un roi, au neveu d'un empereur, à un prétendant officiel à l'empire. Tels sont les gardiens donnés par la nation au régime démocratique que lui ont infligé quelques tyranneaux presque tous obscurs, sortis des loges de la franc-maçonnerie et des Sociétés secrètes.

L'Assemblée et le président de la République ont des tendances monarchiques ; mais l'une veut restaurer la royauté, l'autre projette le rétablissement de l'empire à son profit personnel. Cet égoïsme de l'intérêt privé, le conflit qui en résulte prolongent la durée du régime du 24 février. Louis-Napoléon tranche enfin la question par un second 18 brumaire. Il détruit une usurpation de la rue par l'usurpation du sabre et le sang abondamment versé. Et la nation, heureuse du moins d'être délivrée du joug démocratique, aministie le coupable et ratifie cette odieuse violation des lois divines et humaines : un nouveau trône s'élève sur des monceaux de cadavres. Pauvre France ! A quel degré d'humiliation t'ont réduite les sectateurs du Grand-Orient. Ils te promettent fastueusement la liberté, et leur tyrannie et leurs excès te livrent toujours fatalement au despotisme.

Aux francs-maçons a succédé un carbonaro jeune et ambitieux. Il a demandé protection aux Sociétés secrètes de l'Italie et en revanche il leur a promis un concours dévoué dès que le sort lui aura été favorable. Monté sur le trône, il oublie ses serments, mais ils lui sont violemment rappelés par Orsini et ses complices. Craignant pour ses jours, pour la durée de sa dynastie, il vend à Cavour la religion catholique, la papauté, l'or, le sang et l'honneur de la France. A ce prix, il se dégage de la responsabilité du pacte infernal qu'il a contracté avec des hommes pervers et sanguinaires. La nation tout entière repousse cet odieux traité ; Victor-Emmanuel l'a reconnu lui-même. Voilà ce que devient une nation continuellement gouvernée par des aventuriers.

Pour colorer ce système d'impiété, on invente le système des nationalités et, sous ce prétexte, on dépouille non-seulement l'Autriche, mais encore les princes et rois d'Italie.

Le mal enfante le mal, Bismarck marche sur les

traces de Cavour ; il tend un piége à Napoléon ; il lui promet les provinces du Rhin et par cet appât obtient de créer, au profit de la Prusse, la nationalité allemande avec l'abaissement et l'exclusion de l'Autriche et la spoliation des autres souverains de la Germanie. La franc-maçonnerie, qui ne connaît pas d'autres principes que celui-ci de Mirabeau : « Tout ce qui sert la Révolution, tout ce qui lui est utile, » applaudit à une guerre qui doit être fatale à un souverain catholique et avantageuse à un roi protestant et franc-maçon. Le *Siècle* envoie un ambassadeur à M. de Bismarck.

Joué et humilié par le diplomate prussien, Napoléon s'irrite et veut venger son injure ; mais son imprévoyance le rend impuissant. Il ajourne l'heure de sa vengeance ; mais il est amolli et corrompu, et son exemple est contagieux ; les officiers s'endorment dans l'oisiveté ; les soldats perdent la discipline ; les armements demeurent stationnaires et incomplets.

Les élections de 1869 ont amené le réveil de l'opinion publique ; jusque-là l'empereur n'a eu pour conseillers que des républicains, il est obligé de modifier son ministère ; deux des membres du nouveau cabinet sont monarchistes et conservateurs ; ils peuvent se dire « honnêtes gens. » Mais Napoléon, comprenant que son prestige s'évanouit, veut le raviver par une nouvelle manœuvre. Le Sénat toujours complaisant édite une nouvelle Constitution qui est soumise au vote populaire. Le mirage trompeur du succés inespéré du plébiscite l'enivre ; il se croit assuré de l'appui de la nation, et, pour la séduire davantage, il croit devoir lui donner le spectacle fascinateur d'une nouvelle guerre.

Un mois a suffi pour révéler et mettre au grand jour l'intensité et la profondeur du mal causé à la France par un régime corrompu et corrupteur de dix-huit ans. Bientôt elle apprend avec stupeur que le neveu de Napoléon-le-Grand s'est rendu à l'ennemi, sans coups férir, avec une armée de plus de cent mille hommes.

La nouvelle d'un tel désastre devait réunir tous les hommes honnêtes, dévoués à leur patrie. La Chambre des députés assemblée à la hâte délibérait sur les mesures que comportaient les désastres si soudainement accumulés. Mais, depuis le commencement de la guerre, les hommes de la Révolution se préparaient à une nouvelle édition de la surprise de 1848. Bientôt l'émeute se forme et grossit sur la place de l'Hôtel-de-Ville; Jules Favre s'empresse de s'y rendre; elle l'acclame ainsi que les autres députés de Paris membres de l'opposition. Ils étaient au nombre de dix; l'un d'eux subissait dans une prison une peine à laquelle il avait été condamné pour délit de presse. Avocats, écrivains ou journalistes, ils sont tous francs-maçons. En vertu de la charte maçonnique de Mirabeau, ils se saisissent de la France comme le chasseur d'une proie qu'il guette depuis longtemps. Ils avaient passé leur vie dans les cités, dans l'exercice de la plume ou de la parole; ils ne sont ni administrateurs, ni financiers, ni diplomates, ni marins, ni agriculteurs, ni industriels; ils n'ont jamais fait d'autre guerre que la guerre de paroles, que la guerre au gouvernement qui ne les a pas appelés au pouvoir comme leurs anciens camarades d'opposition, Billaut, Baroche, Roulland, Rouher, Ollivier, etc. Et cependant, comme dans une parade de carnaval, ils se travestissent gaiement en ministres de l'intérieur, des affaires étrangères, de l'armée, de la marine, des finances, de l'agriculture et du commerce, de la justice et des cultes, de l'instruction publique. Et ils se disent :

« Nous sommes les maîtres, les souverains de la France ! »

Un tel spectacle serre le cœur. C'était le moment de réunir avec empressement tous les hommes de caractère, de principes solides, de services connus, de dévouements éprouvés, d'intelligence et de longue expérience et de placer chacun dans sa sphère spéciale afin de défendre avec patriotisme et unité la patrie envahie et menacée des plus grands désastres. Et dix hommes légers, présomptueux, inexpérimentés, incapables, se chargent d'un cœur léger de continuer la guerre que, d'un cœur non moins léger, avait solennellement proclamée naguère le fougueux Ollivier, leur frère et ami, le spectre du Deux Décembre, devenu le favori de l'Empire.

Leur premier acte est la proclamation de la République. Elle doit porter l'inquiétude et l'effroi dans les esprits et tarir les sources de la confiance publique. Elle isolera fatalement la France et rendra sa ruine inévitable en lui enlevant les faibles chances qui pouvaient lui rester de trouver dans l'Europe quelques alliés, tout au moins quelques témoignages, quelques démonstrations de bienveillante sympathie. Mais est-ce qu'il s'agit de la France ? Non ! C'est la Révolution seule dont il est question et par conséquent de la République qui en est, en France, l'inévitable symbole. Et la République, c'est la franc-maçonnerie. Il faut qu'elle règne et gouverne sans obstacle et sans limites.

La première résolution des triomphateurs, c'est de n'appeler aux emplois, aux fonctions publiques et aux grandes charges que des francs-maçons. Qui pourrait s'en étonner et s'en plaindre ? La France n'a-t-elle pas été conquise en 1789, puis reconquise en 1830, après quinze ans d'interrègne, par la franc-maçonnerie. Son droit n'est-il pas aussi constant que celui de la Russie sur la Pologne ?

Une proscription générale atteint tous les employés et fonctionnaires quel que soit leur mérite, leur capacité, leur expérience, leur utilité. A leur place on installe les ambitieux, les déclassés, les démagogues les plus obscurs, les inoccupés, les médecins et pharmaciens sans clientèle, les écrivains obscurs, les rédacteurs de journaux avancés ; on ne leur adresse qu'une question : « Etes-vous francs-maçons? » c'est-à-dire ennemis de Dieu, du catholicisme, de la monarchie, de toute autorité sociale, uniquement dévoués, non à la patrie, — les francs-maçons n'en admettent aucune, — mais à la Révolution, à la république générale des peuples serviteurs du Grand-Orient ; ce titre vous suffit, il dispense de tout autre, c'est un brevet de capacité universelle.

Le ministère de la guerre est échu à un avocat obscur jusqu'à trente ans, ignorant de la stratégie militaire, de la géographie, etc., mais il connaît la légende de 1792, la France luttant seule contre l'Europe et victorieuse par l'enthousiasme républicain. Il ne comprend pas que les défenseurs du territoire étaient tous des hommes vigoureusement trempés par la mâle éducation de l'antique monarchie, et que la nouvelle génération a été formée par l'instruction universitaire et matérialiste. Sans tenir compte des différences de temps, des progrès de l'art militaire et de l'artillerie, il veut, comme en 1792, subordonner l'autorité à l'administration civile. C'est, dit-il, la grande maxime révolutionnaire.

Les enquêtes ordonnées par la Chambre, les rapports présentés par les commissaires ont fourni les tableaux

douloureux et dégoûtants de l'ignorance et des fautes de
nos maîtres improvisés, des profusions scandaleuses, des
dilapidations effroyables des fonds publics, des orgies, des
marchés véreux, des fournitures d'objets d'équipements
ou d'armement sans valeur et sans durée possible délivré
aux jeunes soldats, des privations, des souffrances, des
maladies et de la misère endurées par eux, des nombreuses victimes mutilées ou périssant de faim et de
froid par suite de ces criminelles escroqueries. Ces
hontes et ces malheurs formeront des pages douloureu-
ses et émouvantes de l'histoire de France. Nos populations et nos finances ont été livrées à la merci d'hommes
presque tous non habitués au commandement et au
maniement des richesses. Enivrés de leur pouvoir et de
leur fortune survenus comme dans un rêve, ils ont voulu
compenser par l'excès des plaisirs et des jouissances
leur médiocrité ou leur détresse passée. Ils criaient
tous : « la guerre à outrance, » mais se tenaient soigneusement hors de la portée des fusils et des canons
de l'ennemi ; ils étaient, il est vrai, superbes de courage
contre des prêtres, de modestes instituteurs et de timides
religieuses. Jouir du bien-être et de la vie luxueuse, se
maintenir dans leurs postes, s'en assurer la conservation,
telle était leur unique préoccupation. La durée de la
guerre leur procurait tous ces avantages. Aussi vou-
laient-ils tous la prolonger indéfiniment.

Paris était assiégé et bloqué. Au lieu de combattre les
Prussiens, la plus grande partie des gardes nationaux
dépensaient dans les tavernes l'argent destiné à la sub-
sistance de leurs familles. Bientôt l'émeute gronda dans
les rues et menaça le gouvernement du 4 septembre.
« Nous vous avons nommé, disaient les émeutiers,
nous sommes mécontents de votre conduite, nous vou-

lons nommer des chefs plus capables, plus énergiques que vous. » Ils étaient dans la logique du droit moderne, ils exerçaient la souveraineté populaire absolue proclamée par la franc-maçonnerie. L'orage éclate le 31 octobre; les émeutiers du 4 septembre envahissent l'Hôtel-de-Ville et somment leurs mandataires de se démettre de leurs fonctions. Comme les Girondins leurs devanciers, les décemvirs se cramponnent fortement au pouvoir suprême qui leur soumet la France et leur procure tant de douceurs ; des secours inespérés surviennent et délivrent les captifs. Pour raffermir leur position, ils provoquent un plébiscite parisien. Une immense majorité se prononce en leur faveur ; la crainte d'un bouleversement immédiat a ouvert les yeux à cette masse de citadins qui, dans Paris, sont toujours enchantés de donner par des votes d'opposition systématique des leçons au gouvernement; la peur leur avait ce jour-là donné la sagesse.

Paris était bloqué à l'intérieur comme à l'extérieur. Les généraux n'osaient pas faire sortir les troupes, sachant qu'un grand nombre de bataillons de la garde nationale se disposaient à s'emparer de la capitale dès qu'ils s'y verraient les plus nombreux. La défense de Paris, très-difficile par elle-même, était devenue impossible par le fait même de ceux qui hurlaient sans cesse : « la guerre à outrance. » On dut capituler.

La Prusse ne considérant pas comme un gouvernement régulier et national la dictature du 4 septembre, il fallait constituer une Assemblée nationale. Un décret du gouvernement de Paris convoqua les électeurs.

La nouvelle de cette capitulation est un coup de foudre pour Gambetta. Cet avocat, qui n'est pas né Français, est devenu le maître absolu de la France, sauf Paris et les départements envahis. Il a vécu trente ans obscur, aujourd'hui il est dans l'empyrée et il se voit menacé d'être prochainement précipité. Dans sa furieuse colère, il écrit à son ami Gent, préfet à Marseille. Il exhale son indignation contre les capitulards de Paris qui ont méconnu la première règle de la tradition révolutionnaire qui est de subordonner les chefs militaires, *quels qu'ils soient*, à la magistrature politique et civile.

Il avait bien suivi cette maxime, l'avocat-ministre de la guerre ; il avait assez blâmé, injurié, outragé et destitué de vaillants et honorables généraux, d'Aurelles de Paladines et autres ; il avait fait périr par d'inhabiles manœuvres, par des privations de tous genres, des milliers de jeunes soldats ; il n'avait organisé des armées que sur le papier et dans des proclamations déclamatoires et boursoufflées.

Il a ajouté : « Paris est réduit, ce n'est pas la France... Adressez-vous à la France, *affirmez la perpétuité de la révolution du 4 septembre*, léguez-nous le soin de vous venger et de poursuivre *la guerre à outrance*... Paris nous renverra un magnifique personnel politique dont la présence en province galvanisera la France et créera au milieu de nos départements restés libres une milice *républicaine*, vigilante et sûre... Nous tenterons des luttes dont la récompense sera certainement l'extermination de l'étranger *et le triomphe de la République.*

« Si cependant la convocation d'une Assemblée était reconnue nécessaire, avec le *correctif* indiqué par moi dès le 24 octobre, correctif sans lequel *les élections seraient répudiées par le parti républicain*, et qui consiste dans le décret des inéligibilités, j'admettrai la nomination d'une Assemblée *vraiment républicaine*, à laquelle on tracerait à l'avance *ses devoirs et sa mission* et dans laquelle on rencontrera *toute l'énergie d'une convention nationale* pour pousser les sacrifices jusqu'à la délivrance. »

Ainsi qu'on le voit, l'idée fixe, dominante et exclusive de Gambetta, c'était la consolidation et l'établissement définitif de la Révolution du 4 septembre, de la République et de la franc-maçonnerie, de l'avénement d'une nouvelle Convention et la perpétuité de la dictature démagogique. C'était le but, tout le reste n'était que le moyen.

La continuation de la guerre servait admirablement les projets du dictateur. Ceux qui avaient brillé dans les rangs de l'armée pontificale, les nobles, les royalistes, les prêtres, les religieux, les sœurs de charité, ceux-là exposaient leur personne, leur liberté, leur vie. Pendant ce temps, l'aristocratie démagogique gouvernait la France à son gré et occupait tous les emplois. La plèbe de la démagogie, celle qui hurlait « la guerre à outrance, » se réfugiait prudemment dans d'immenses bureaux. L'état-major et les subalternes seraient sortis sains et saufs et auraient librement dominé la France couverte de ruines et abreuvée du sang le plus pur de ses enfants dévoués.

Toutefois le dictateur n'osa pas annuler le décret rendu par le gouvernement de Paris, mais il tenta d'en neutraliser les effets et d'entraver la liberté des élections en maintenant son système des inéligibilités. O honte ! ce fut le Prussien qui maintint cette liberté en refusant à l'avance de traiter avec une Assemblée dont on pourrait ultérieurement contester la légalité.

Les électeurs se réunissent dans leurs comices le 8 février 1871. Chose étrange ! ils votent avec une liberté qu'ils n'avaient pas connue depuis 1789.

Comme les Parisiens en novembre 1870, dégagés de l'influence des partis, éclairés par le sentiment des dangers qui menacent encore la France, guidés par l'instinct de la conservation, ils discernent clairement leurs amis de leurs ennemis ; ils nomment presque partout des députés à leur image, religieux comme eux, monarchistes comme eux. Une sensation électrique et générale de satisfaction et d'espérance pénètre dans tous les cœurs.

L'Assemblée se réunit à Bordeaux ; les dictateurs se présentent modestement (à l'exception de Gambetta qui prudemment a passé la frontière et s'est réfugié en Espagne) ; ils résignent leurs pouvoirs et offrent de rendre compte de leur administration. Tout fait présager le rétablissement de la concorde et l'apaisement des esprits. Mais on compte sans la franc-maçonnerie ; comme le lierre qui entoure l'arbre et le desséche, elle s'est attachée à la France depuis un siécle ; elle l'a enlacée dans ses rudes étreintes et ne la lâchera pas tant qu'il lui restera du sang et de la vie, à moins que par de violents efforts on ne détache et on ne jette au loin cette plante parasite et dévorante.

Attitudes des dictateurs devant la Chambre du 8 février 1871.

L'histoire de la période que nous traversons depuis le mois de février 1871 peut être justement intitulée :

« Campagne de la franc-maçonnerie contre l'Assemblée nationale constituante élue le 8 février 1871. »

Les hommes du 4 septembre avaient craint d'appeler M. Thiers à prendre part au gouvernement dit de la défense nationale. Il était pour eux trop supérieur, trop dominatenr. Il était cependant difficile de tenir à l'écart celui qui avait si ardemment combattu l'empire dans ses derniers jours. Ils lui donnèrent un exil honorable en l'envoyant auprès des cours européennes solliciter, sinon des alliances et des interventions, du moins de bienveillantes médiations. Nul ne se faisait illusion sur l'issue de ces démarches. En proclamant la République dans leur intérêt personnel et égoïste, pour le plus grand bénéfice de la franc-maçonnerie et pour le malheur de la France, en rompant de nouveau les traditions et les affinités diplomatiques avec les chancelleries des cours de l'Europe, les usurpateurs du 4 septembre avaient aliéné le peu de sympathie que les souverains avaient pu jusque là conserver encore pour la France. Mais, en agissant ainsi, les uns restaient maîtres du terrain, l'autre grandissait sa renommée. De retour de son voyage infructueux, M. Thiers censurait amèrement les actes du nouveau gouvernement ; il qualifiait Gambetta « un fou furieux. » Celui-ci le stigmatisait comme un homme néfaste destiné à faire périr tous les gouvernements.

Cependant un point commun les ralliait. Ils appartenaient tous à la franc-maçonnerie ou aux sociétés secrètes. La nouvelle Assemblée semblait les menacer tous. Pour prévenir leur déchéance, ils se réconcilièrent et se coalisèrent; ils unirent leurs forces pour repousser l'ennemi commun. Leur plan fut bientôt arrêté et ne tarda pas à être mis à exécution.

Coup de main des francs-maçons et de M. Thiers, le 17 février 1871.

Dés que l'Assemblée est réunie le 17 février, on renouvelle les pratiques révolutionnaires de 1792, 1830, 1848. Le complot est bien ourdi ; Mᵉ Dufaure qui, par son âge, son passé, son esprit modéré, inspire la confiance est chargé de faire une motion ayant pour objet de confier la direction du gouvernement à M. Thiers dont la notoriété s'est accrue par sa récente mission et par son élection dans vingt-six départements. On demande l'urgence : on court les plus grands dangers, dit-on, si la proposition n'est pas immédiatement acceptée. On se retire à la hâte dans les bureaux ; on délibère à la hâte, un rapport est fait à la hâte, on vote à la hâte. On n'a pas eu le temps de réfléchir mûrement ; on n'a pas déterminé les droits et les devoirs du président ; on n'a pas tracé les limites de ses pouvoirs ; on lui a attribué sans réserve le droit de nommer ses ministres. Il est qualifié « chef du pouvoir exécutif, président du conseil des ministres » ; il n'est point fait mention de la république ; l'Assemblée n'a pas voulu reconnaître cette institution créée par des usurpateurs, laquelle avait couvert la France de désastres et d'humiliations et lui avait coûté une province et trois milliards. L'Assemblée pouvait en ce moment rétablir la monarchie qui eût été accueillie avec empressement par les hommes honnêtes et sincèrement dévoués au bien public. Elle craignit d'abuser de sa position et consentit à ajourner toute décision sur la forme définitive du gouvernement. C'est ce que l'on appela le pacte de Bordeaux. M. Thiers, heureux de voir s'éloigner l'heure d'une restauration qui l'aurait fait descendre au second rang, accepta ce pacte avec empressement et jura de l'observer fidèlement.

Enclin par sa nature aux empiétements, M. Thiers se qualifie le jour même « président de la république française. »

Le lendemain, M. Journault, député, signale cette usurpation de titre : La formule de la veille est constatée. M. Thiers est invité à s'y conformer ; toutefois le mot de

République se glisse encore adroitement et se maintient dans les procès-verbaux.

Sous prétexte de conciliation, on avait déjà fait donner la présidence d'une Assemblée monarchique dans une immense majorité à un républicain, M. Grévy.

M. Thiers se hâte de composer le ministère, droit qu'on lui a imprudemment conféré sans limite, sans contrôle, sans entente ou engagement préalable. Il donne les départements de la guerre, de la marine, des finances, du commerce à des hommes spéciaux ; celui de la justice est départi à M. Dufaure, promoteur de la décision qui lui a conféré le pouvoir. M. Picard est chargé de l'intérieur, M. Jules Favre des affaires étrangères, M. Jules Simon de l'instruction publique et des cultes. Ils sont tous trois membres du gouvernement né de l'émeute du 4 septembre, tous trois francs-maçons ; de plus, le ministre de l'instruction publique et des cultes, libre-penseur de notoriété très-publique, est affilié à l'Internationale. Un seul ministère, celui des travaux publics, véritable sinécure à cette époque, était accordé à un membre de la majorité, à M. de Larcy. La composition de ce cabinet était, au point de vue de la politique personnelle de M. Thiers, un chef-d'œuvre d'habileté, un coup de maître ; pour la France, c'était une surprise, un coup de théâtre, un coup d'Etat.

La France est aujourd'hui réduite à trente-six millions d'habitants ; dans ce nombre, on doit compter au moins trente-trois millions de catholiques, le plus grand nombre des autres professent le culte protestant ; il y a environ cent mille juifs ; les athées, les libres-penseurs, n'atteignent par ce dernier chiffre, car, à Paris, leur séjour privilégié, sur dix-huit cent mille habitants on en a inscrit cinq mille. Ainsi, sur douze individus onze sont catholiques.

Presque tous les catholiques sont monarchistes, parce que l'unité religieuse semble appeler l'unité politique, parce que les serviteurs du Christ ne sont presque jamais disposés à l'émeute ou à l'insurrection, qu'ils respectent l'histoire, les traditions, les mœurs et les sympathies de leur pays.

Ainsi, soit par l'ancienne maxime qui fait découler l'autorité du prince de l'autorité de Dieu, soit par le droit dit moderne qui est uniquement basé sur la puissance matérielle et mathématique du nombre, la France catholique et monarchique doit être gouvernée par des hommes professant la même doctrine et le même culte.

Ainsi les républicains, Girondins ou Montagnards, le Directoire, Napoléon Ier, Louis-Philippe (sous le rapport du catholicisme), la République de 1848, Napoléon III, la République de 1870, étrangers par leurs principes ou par leurs actes aux convictions de la majorité étaient des insurgés contre la volonté nationale ; ils devaient tomber, ils sont tombés ; de même tomberont logiquement, fatalement, tous ceux qui marcheront sur leurs traces.

Le mandat politique peut-il être, doit-il être impératif ? — Oui ! disent les démocrates, et surtout les démagogues. — Non ! s'écrient vivement les conservateurs, ou du moins les journaux, organes de cette opinion. Nous regrettons d'être obligés de dire : ce sont les premiers qui ont raison.

Donner un mandat, *mandare*, c'est manifester une

volonté et confier à un tiers la mission d'exécuter cette volonté. Pour tout homme honnête, cette mission est un ordre ; la loi civile consacre ce devoir moral et en fait une obligation rigoureuse, frappant de nullité ou de dommages-intérêts ce qui est fait en dehors ou au-delà du mandat.

En France, les mandats de député aux Etats-Généraux étaient tous impératifs et leur observation était garantie par la foi du serment. Ce fut l'athée Mirabeau qui fit abolir le mandat obligatoire.

Qu'en est-il résulté ? Les Etats-Généraux se sont transformés en Assemblée constituante à la façon de J.-J. Rousseau ; à la constitution française, traditionnelle, chrétienne et monarchique, les parjures ont substitué une charte éditée du contrat social anti-royaliste, anti-chrétien. Ils ont détruit l'œuvre de six millions de Français !

Les députés à l'Assemblée législative qui avaient été envoyés auprès d'un Roi ont détruit la royauté, réduit le souverain à la captivité et préparé sa mort.

De même ont agi les députés de 1830, convertissant, à la vérité, la mort violente en mort civile et en exil.

Ont été aussi parjures envers Louis-Philippe ceux qui lui avaient juré fidélité et qui ont renversé son trône.

Voilà ce qui résulte du défaut de sanction attachée au mandat.

On cite les énormités imposées par les radicaux, par les membres de l'*Internationale* à leurs délégués, et l'on s'en indigne.

Doit-on, en vérité, attendre qu'ils les obligent à respecter la divinité, l'autorité du Pape, à être soumis au souverain et à se conformer aux désirs et aux vœux réels de la majorité de la nation ? Ce dont il faut s'étonner, c'est que la France soit tombée assez bas pour produire aujourd'hui de nombreux essaims de radicaux, de communards, de socialistes. Mais il est très-logique que les mandataires soient semblables à leurs mandants et expriment fidèlement les doctrines, les aberrations, les monstruosités de leurs mandants.

Que les élections soient libres et raisonnées, les catholiques nommeront des catholiques, les protestants des protestants, les juifs des juifs, les libres-penseurs des hommes sans croyances. De même, sous le rapport politique, pour les monarchistes, les républicains modérés (en supposant, ce qui est fort douteux, qu'il s'en trouve un assez grand nombre pour composer un collége électoral), les radicaux, les socialistes.

Ce qui a rendu très longtemps impossible l'application du mandat politique obligatoire, c'est que les lois révolutionnaires édictées au nom de la liberté, mais trop souvent, il faut le reconnaître, nécessitées par les excès de cette liberté dont personne presque ne sait convenablement user, mais dont les masses ne cessent d'abuser, ces lois ont prohibé l'association et les réunions publiques. Ne pouvant ni se réunir, ni délibérer, ni rédiger des mandats, on n'a pu faire autre chose que donner des blanc-seings.

En 1868, Napoléon III accorda le droit de réunion, droit mobile et tumultueux ; il refusa le droit d'association qui était autrefois le droit commun et la base de la société française. Les réunions publiques ne pouvaient guère avoir lieu que dans les cités ; l'empire y envoya les orateurs populaires chargés d'exagérer encore tous les désirs et les vœux de la démagogie, afin d'effrayer les esprits et de préparer la suppression ou la restauration de cette loi.

Si, en 1871, les électeurs s'étaient réunis avant le 8 février et s'étaient concertés pour fixer leurs vœux par écrit, l'immense majorité des députés aurait apporté des mandats impératifs les chargeant de restaurer la monarchie et de protéger la religion chrétienne et spécialement le culte catholique. La France restaurée serait rentrée dans sa voie traditionnelle, elle aurait repris son rang parmi les nations de l'Europe ; les conditions de la paix auraient été moins dures et moins humiliantes ; nous aurions obtenu des sympathies et des alliances parmi les souverains ; l'apaisement se serait fait dans les esprits. La confiance dans l'avenir aurait ranimé le travail, le commerce et l'industrie par la confiance qu'aurait inspirée un ordre de choses solide et durable.

Lors même que le mandat n'est pas suffisamment explicite, il doit, suivant les règles de la conscience, de l'équité et de la justice, être interprété et exécuté conformément à l'intention commune des contractants, dans le sens qui convient le plus à la nature du contrat, et selon l'usage général ; le mandataire ne peut rien faire au-delà de ce qui est porté dans son mandat. *Tout mandataire est tenu de rendre compte de sa gestion.*

Mandat implicite et impératif donné à M. Thiers. Appliquons ces divers principes à M. Thiers. Il a reconnu lui-même que la Chambre était en grande majorité monarchique ; il devait donc gérer les affaires publiques conformément à ce principe. Elle était religieuse et catholique : il devait protéger efficacement le culte traditionnel qui avait fait la force et la grandeur de la France.

Dans son ministère, M. Thiers ne place qu'un monarchiste ; le principe qui dirige la majorité de l'Assemblée est en minorité, ou plutôt il est perdu et noyé dans la composition du cabinet : premier abus du mandat.

Les élections du 8 février sont une éloquente et indéniable protestation contre l'usurpation du 4 septembre. En 1799, en 1848, en 1851, les usurpateurs du Directoire, de la royauté d'Orléans, de la république de 1848, avaient été renversés à leur tour par d'autres usurpateurs, Bonaparte, Ledru-Rollin et ses complices, Louis-Napoléon Bonaparte. Les vainqueurs devaient être indulgents pour les vaincus, il convenait de leur passer la rhubarbe pour que plus tard, à leur tour, en cas de chute, on leur passât le séné. La position des dictateurs du 4 septembre n'était pas la même ; ils tombaient devant une autorité légitime, devant la nation dont ils avaient impudemmment usurpé les droits sinon par la journée du 4 septembre, pour laquelle ils paraissaient demander une amnistie fondée sur leurs bonnes intentions, sur leur désir ardent, sur la nécessité de conjurer un coup d'Etat bonapartiste qui, suivant eux, aurait été imminent, du moins, bien certainement et sans excuse possible, pour avoir criminellement détenu ce pouvoir sans provoquer immédiatement des élections générales, et ce, uniquement dans l'intérêt de leur ambition et de leur égoïsme, pour conserver plus longtemps leur pouvoir et fonder leur république, c'est-à-dire le fief dont ils espéraient conserver à perpétuité, pour eux et pour la franc-maçonnerie, la garde et la souveraineté. Les coupables étaient devant leur juge, il fallait laisser un libre cours à la justice. Ils s'étaient présentés modestes d'abord, presque en suppliants ; Gambetta s'était rendu justice et s'était dérobé par la fuite aux poursuites qu'il prévoyait et redoutait. Ces procès pouvaient être rapidement instruits, car les faits et les crimes étaient flagrants.

Une condamnation sévère, prononcée contre ces dix hommes qui avaient été le fléau de la France, aurait été un exemple éclatant et salutaire pour la France et l'Europe, un grand et fécond enseignement, un coup mortel porté à la Révolution. Les conspirateurs de profession et leurs disciples frappés d'une juste terreur seraient rentrés dans l'ombre; ils n'auraient pas été tentés de marcher sur les traces des Jules Favre, des Garnier-Pagès, des Crémieux, coupables de deux révolutions. On n'aurait pas entendu dans l'Assemblée nationale le chef de la dynastie des Arago répondre gaiement à un député qui lui reprochait sa participation à trois révolutions : « Essayez d'en faire autant » (chose impossible, en effet, à un honnête citoyen !), prouvant par cette cynique réponse combien le sens moral est oblitéré chez les révolutionnaires, avec quelle superbe confiance les francs-maçons se considèrent comme devenus à perpétuité les maîtres absolus de la France. Le trop juste châtiment des dictateurs du 4 septembre aurait prévenu la formation de la Commune et ses épouvantables horreurs. Que de maux a causé à la France l'amnistie illégale accordée aux décemvirs : deuxième abus du mandat.

. Thiers inflige à 33,000,000 de catholiques un ministre de l'instruction publique et des cultes, libre-penseur, c'est-à-dire un mécréant.

A trente-trois millions de catholiques M. Thiers inflige pour ministre de l'instruction publique et des cultes, un libre-penseur déclaré par ses œuvres, un franc-maçon, un membre de l'Internationale qui déjà, pendant le siége de Paris, par lui et les personnes de son intimité, a mis en pratique ses doctrines et ses systèmes. Un cri d'indignation s'élève de toutes parts. Sans s'émouvoir, M. Thiers répond : « Si je le change je vous en donnerai un pire !!! » Voilà son respect pour les majorités ! Supporterait-on, pour un tel ministère, en Angleterre un mécréant, en Prusse un catholique, en Russie un juif? Non certainement ! Eclairée par l'exemple de Henri VIII dans la Grande-Bretagne, la France ne voulait pas, au XVIe siècle, reconnaître pour son souverain le roi de Navarre protestant. Une ligue catholique se forme pour l'empêcher de monter sur le trône se fondant sur le pacte conclu par les Francs avec Clovis lors de son baptême, pacte considéré comme une loi fondamentale du royaume. Le prétendant ne peut obtenir la couronne qu'après avoir abjuré son antique croyance, à la suite de longues conférences théologiques. Plus puissant que Henri IV, que les anciens rois de France, M. Thiers qui se dit lui-même catholique, règne, gouverne, taille et tranche à son gré dans la nation qui s'intitulait jadis : « la fille aînée de l'Eglise. » Il lui inflige l'humiliation d'un ministre hostile à ses croyances, il insulte à sa foi religieuse et répond par des sarcasmes et des railleries a ses trop justes réclamations : troisième abus du mandat.

En présence de tels excès de pouvoir, il faut dire avec douleur que la France asservie, outragée et résignée est la dernière des nations civilisées.

Tout mandataire doit compte du mandat qu'il a reçu, à plus forte raison de celui qu'il a usurpé; les dictateurs du 4 septembre, presque tous avocats, reconnaissant ce principe, avaient offert de rendre compte de leur gestion. Par leur élévation au pouvoir, par les faveurs qui leur sont prodiguées, il les a dispensés de remplir cette obligation. Désirant éviter un conflit avec l'irrascible chef de l'Etat, la France a été obligée, pour obtenir ces comptes, de prendre une voie détournée; elle a ordonné des enquêtes sur les actes du gouvernement du 4 septembre; ses membres se sont présentés comme des témoins et non comme des comptables, comme d'anciens souverains et non comme des coupables. Lorsque l'on a révélé les agissements des étranges administrations imposées par eux aux départements, ils se sont posés fièrement comme des hommes injustement attaqués, ils ont déployé une indignation factice. L'un d'eux même, se prétendant offensé parce que l'on dévoilait des faits déplorables et compromettants, a eu l'audace de provoquer en duel l'honorable rapporteur qui avait consciencieusement rempli son devoir. Quatrième abus du mandat.

L'opinion publique et la Chambre avaient demandé avec insistance la révocation des fonctionnaires improvisés par le 4 septembre et le rappel des anciens, de ceux-là du moins qui seraient encore capables et mériteraient d'être replacés. Le gouvernement avait paru acquiescer à ces justes réclamations ; chaque ministre fit écrire à tous les employés et fonctionnaires de son département proscrit en 1870 ; on leur demandait s'ils désiraient reprendre leur ancien poste. Presque toutes les réponses furent affirmatives, presqu'aucun n'obtint satisfaction. Les envahisseurs du 4 septembre conservèrent à peu près tous leurs positions. On avait donné des espérances aux victimes ; leur déception fut plus amère. Cinquième abus du mandat.

Le mandat est généralement volontaire et synallagmatique ; quelquefois il est forcé et unilatéral, par exemple en cas de naufrage, d'incendie, etc. Il y a un mandataire, mais point de mandant, sinon la nécessité qui en tient lieu. Lorsque cette force majeure a cessé, le mandataire doit aussitôt rendre compte à celui dont il a géré les intérêts à son insu, parce que la cause du mandat a cessé. S'il prolonge sa gestion, il usurpe une notoriété que rien ne justifie ; tous ses actes sont nuls.

Si le 4 septembre les dictateurs, obéissant à un sentiment vraiment patriotique et désintéressé, après s'être
saisis du pouvoir pour conjurer des dangers graves et
imminents, avaient immédiatement ordonné l'élection
d'une Assemblée nationale, ils n'auraient pas excédé la
mesure et les limites du mandat forcé. Mais ces hommes,
aussi ineptes et incapables qu'égoïstes et présomptueux, avaient gardé pendant cinq mois, dans un intérêt
uniquement personnel, leur pouvoir né de l'émeute,
malgré les protestations de la France et ses incessantes
réclamations. Leur administration n'avait donc été que la
surprise, la ruse et la violence. Tous ses actes étaient
donc radicalement nuls. On citait entre autres le décret
rendu par le juif Crémieux, qui élevait à la dignité de
citoyens français tous les juifs d'Alger, race de brocan-
teurs, d'usuriers, objet du mépris général. Cet acte
arbitraire indigna les Arabes, qui virent avec indignation
ce rebut de la population appelé à exercer des droits
qui étaient refusés aux anciens maîtres de l'Algérie. Ils
avaient, pendant la guerre, versé leur sang pour la
France ; ils se révoltèrent pendant la paix pour se venger
de l'injure qui leur était faite. L'armée française a été
appelée à combattre, pour la plus grande gloire du juif
Crémieux et de ses coréligionnaires, nos dévoués et
vaillants alliés de la veille. Nos soldats ont péri, notre or
a été dépensé pour cet ignoble crime. Depuis vingt ans,
la France fait des guerres que rien ne motive, si ce n'est
l'égoïsme, les mauvais instincts et les passions de
ses dominateurs. Eh bien ! le décret de 1870 subsiste ;
le citoyen Crémieux, proscrit par le scrutin français, a
été enfin réintégré dans la Chambre par le vote des juifs
africains reconnaissants. Désormais, un bourg-pourri
est acquis aux fils d'Israël dans l'Algérie, pour la législa-

ture de France. Sixième abus ou non-exécution du mandat.

s foyer conti-
tel des révolu-
ons.

Depuis le saccage de la manufacture de Réveillon, la prise de la Bastille et le massacre de ses gardiens, Paris a toujours été le foyer et le théâtre de toutes nos révolutions. Quelques centaines, quelques milliers au plus d'émeutiers, recrutés dans les plus bas fonds de la société, organisaient une insurrection. Dès qu'elle avait triomphé, grâce à la déplorable centralisation créée et renforcée par la Révolution et les deux Empires, la France, comme une esclave enchaînée, subissait passivement un nouveau joug, obligée de crier et de chanter : « Honneur et gloire au vainqueur ! malédiction au vaincu ! » L'Assemblée nationale avait reçu de la France, victime désolée et impuissante de tous ces bouleversements, la mission de tarir la source de ces malheurs, en évitant le voisinage mortifère de cette cité toujours dominée par les ennemis de l'ordre et de la tranquillité publique. Elle veut se conformer à cette volonté, et donner à la représentation nationale, comme aux Etats-Unis d'Amérique, une résidence plus centrale, éloignée des agitations des cités populeuses et ouvrières. M. Thiers n'adopte pas cette détermination. Fils de Marseille, fils adoptif de Paris, il a vécu et grandi dans ces grands centres. Ils ont été, par leurs votes, un des principaux éléments de sa fortune politique. Comme tous ceux qui nous gouvernent aujourd'hui, c'est un citadin pur sang, étranger à la propriété rurale, qu'il ne connaît pas, qu'il ne comprend pas et qu'il dédaigne. Il ne respire à son aise que dans l'atmosphère des grandes cités. Pour se rapprocher de ses idées, on lui propose Fontainebleau ;

il ne veut pas l'accepter et n'admet que Versailles, qui lui sourit comme une étape rapprochée d'où l'Assemblée sera, comme en 1789, facilement transférée à Paris.

Les conditions de la paix, quelle paix ! sont fixées et signées. Parmi les signataires se trouve Jules Favre, ce matamore qui ne voulait céder ni un pouce de notre territoire, ni une pierre de nos forteresses, se réservant comme bénéfice de la guerre la fondation de sa *République*. Si M. Thiers eût été à la hauteur de sa mission, après avoir formé un ministère pris dans la majorité, il aurait infligé aux dictateurs du 4 septembre l'obligation de signer tous le traité de paix, monument douloureux tout à la fois de l'incapacité et de la lâcheté du chef de l'Empire, de l'ineptie, de la folie et de l'égoïsme de ces dix hommes de paroles et de vain bruit.

Cependant les gardes nationaux de Paris, qui n'avaient pas su montrer de mâles poitrines à l'ennemi, se disposent à résister à l'Assemblée nationale et à l'armée française. L'entrée des Prussiens dans Paris leur sert de prétexte : leur patriotisme leur commande d'enlever les canons pour ne pas les exposer à la capture et à un voyage d'outre-Rhin. Cet acte inspire de vives inquiétudes ; M. Thiers ne les partage pas ; il connaît sa bonne ville, son bon peuple de Paris ; il connaît le charme et la puissance de sa parole. Quelques mots sortis de sa bouche calmeront facilement les esprits. A son grand étonnement, les Parisiens s'obstinent à garder les canons. Il envoie des soldats, mais en nombre insuffisant ; on a oublié de leur donner les trains nécessaires pour ramener l'artillerie ; ils ne peuvent remplir leur mission. Le temps s'écoule ; la foule se presse, femmes, enfants. On les harangue : « Ne sommes-nous pas tous frères ? Tireriez-vous sur le peuple ! » Ils sont séduits et lèvent la crosse en l'air. L'émeute est victorieuse, la populace est maîtresse de Paris ; le fort du Mont-Valérien, dégarni de soldats, est de même sur le point de tomber aux mains des insurgés.

Toujours confiant dans son habileté, M. Thiers entretient des relations avec quelques chefs des insurgés ; il espère conclure par leur intermédiaire un traité, comme si l'émeute victorieuse pouvait s'arrêter et faire des concessions. Les maires de Paris, les maires des départements interviennent aussi, se présentent comme médiateurs et posent leurs conditions. Le chef du pouvoir cache à l'Assemblée ces menées ténébreuses et prend avec les médiateurs des engagements qu'il dissimule, qu'il nie même et qu'il ne révélera que lorsqu'il jugera l'occasion propice. Cependant l'Assemblée lui impose la fermeté ; le siége continue et enfin l'insurrection est vaincue, on sait à quel prix. Heureusement Paris est sauvé d'une destruction complète grâce au dévouement héroïque d'un bon citoyen, de Ducatel.

Les sinistres horreurs de la Commune devaient fournir de féconds et salutaires enseignements. Mais la politique du gouvernement est immuable ; elle est enchaînée par son entourage matérialiste, par la franc-maçonnerie. Les préfets, les magistrats du 4 septembre sont presque tous maintenus dans leurs postes, la direction des affaires n'est pas changée. La tactique éclectique de M. Thiers consiste à peu près dans cette formule : sept doses de mal, trois doses de bien. On peut montrer aux conservateurs des noms rassurants, aux républicains des choix encourageants ; on souffle tour à tour le froid et le chaud. C'est dans l'excercice de ce jeu de de bascule que M. Thiers a passé sa vie et qu'il se complaît. Il ne comprend pas qu'il ne s'agit plus aujourd'hui du sort d'un ministère, de quelques nuances de parti, mais de la vie ou de la mort de la France.

Les élections municipales sont ordonnées ; le ministre de l'intérieur recommande aux préfets une complète abstention dans le choix des candidats. Elections.

Les administrateurs honnêtes et consciencieux se conforment à ces instructions et gardent la neutralité. Ceux qui datent du 4 septembre lisent entre les lignes et comprennent la pensée du ministre ; ils favorisent discrètement, efficacement, les candidatures des démocrates avancés et des radicaux. Les résultats du scrutin sont connus ; ils forment un contraste frappant avec les élections du 8 février. La France s'en étonne et s'en afflige. M. Thiers s'en réjouit.

Les mêmes causes produisent les mêmes effets pour la nomination des membres des conseils généraux.

Les élections se succèdent rapidement ; le 2 juillet 1871, cent douze députés sont nommés pour remplir les siéges vacants. A Paris, où des candidatures ont été patronnées par vingt-six journaux conservateurs, la majorité a été acquise à l'élément qu'ils représentaient ; dans les départements, au contraire, les démocrates plus ou moins avancés ont généralement triomphé. L'avocat ministre de la guerre, le dictateur de Tours et de Bordeaux, a obtenu une triple nomination. On reconnaît la funeste influence des préfets gambettistes si soigneusement conservés dans leurs postes.

Le parti conservateur est encore en grande majorité dans la Chambre, mais les tendances électorales, surtout dans le scrutin du 27 juillet, ont amoindri sa force et son autorité. Les partisans de l'ordre s'en inquiétent; mais il devient constant que le chef du pouvoir a favorisé cette réaction, car il s'empresse d'en profiter. Il ne se considère plus comme le mandataire de la Chambre, obligé de marcher de concert avec elle et de se conformer à ses principes. Il traite maintenant avec elle de puissance à puissance, pas même comme son égal, mais comme son supérieur. Il ne lui demande pas des avis et des conseils, il lui intime ses ordres ; il se plaît à la contre-carrer sur tous les points et de faire toujours triompher son opinion personnelle. Il a une cour et des favoris ; les places ne sont point données au mérite, mais à la faveur. C'est toujours aux hommes du 4 Septembre qu'il les prodigue. Il donne le gouvernement de la Banque à l'avocat Picard ; une résistance énergique à ce choix ne permet pas à l'ex-dictateur de posséder cette riche dotation. Le financier déçu devient ambassadeur. D'autres privilégiés sont envoyés à Athènes, à Pesth, plus recommandés par la bienveillance du chef du pouvoir que par leurs connaissances diplomatiques et le prestige de leur talent.

M. Thiers, chef du pouvoir exécutif, a voulu conserver son siége à la Chambre et son droit à la tribune. Il propose des lois, les soutient par ses discours et les appuie par ses votes. Jadis il eût combattu avec énergie un abus si monstrueux. Tout était mal sous l'Empire, tout est bien sous la République.

Ces privilégiés, cette autorité illimitée ne suffisent pas à sa vanité, à sa gloire ; son titre est trop modeste, il faut le rehausser ; ce sera un moyen détourné de faire consacrer plus nettement sa révolution du 4 Septembre. Un de ses familiers propose de le nommer président de la République ; la Chambre n'ose pas lui refuser le titre qu'il ambitionne si vivement ; elle se trouve obligée d'y accoler le mot de république, mais elle a soin de déclarer très-formellement qu'elle ne l'admet qu'à titre provisoire. M. Thiers se rit de ces précautions : pour lui c'est une toile d'araignée, il sait que le provisoire est presque toujours définitif en France. Lorsque, plus tard, quelqu'un ose prononcer ce mot, cette épithète mal sonnante, les familiers de M. Thiers le réprimandent vivement, en lui disant qu'il abaisse la France devant l'étranger.

Dès lors, dans les régions officielles, la république est le régime légal ; les places appartiennent aux républicains, aux démocrates, aux démagogues, car la ligne de démarcation qui séparent ces deux nuances est imperceptible. Les monarchistes sont des factieux, ils troublent l'ordre public, la tranquillité de l'Etat ; ils sont des réactionnaires, c'est d'eux que vient tout le mal qui se produit en France. Toute liberté, toute licence est accordée à la presse radicale.

Voilà comment M. Thiers, les hommes du 4 Septembre, les francs-maçons qui occupent presque tous les postes ont, par leurs manœuvres sourdes, par leurs empiétements continus, harcelé, lassé et dominé la Chambre librement élue le 8 février, comment la France monarchique et chrétienne qui ce jour-là avait brisé les chaînes qu'elle portait depuis le 25 juillet 1830, et, recouvrant enfin sa liberté, avait affirmé son Dieu, sa foi, son roi, voilà comment elle a été ressaisie ainsi qu'une esclave fugitive, liée, garrottée de nouveau et rejetée en servitude ; comment une poignée de conspirateurs, de factieux ont pu devenir les maîtres absolus d'une nation qui compte trente-cinq millions de chrétiens, trente-trois millions au moins de catholiques.

Ce qui fait la force de la franc-maçonnerie, c'est son habile organisation. Elle se recrute parmi les athées, les mécréants de toute espèce, républicains, démocrates ou démagogues, les ambitieux de toutes classes, hommes de lettres, hommes de parole, écrivains, savants, médecins ou autres qui exercent des professions libérales, généralement les moins capables, les plus dépourvus de talents et de clientèle, enfin tous les déclassés, tous ceux qui, ne pouvant pas ou ne voulant pas parvenir à l'aisance ou à la fortune par le travail patient, l'ordre et l'économie, se jettent avec empressement dans la carrière plus facile et plus productive de la ténébreuse industrie révolutionnaire. Liés par leurs serments, fortifiés par la hiérarchie qui les lie tous du dernier au premier rang, par les serments auxquels les enchaînent la terreur et la convoitise, toujours armés, toujours en sentinelle, épiant avec soin les symptômes avant-coureurs du bouleversement et l'heure propice aux révolutions, ils sont aussitôt en mesure d'engager le combat, de renverser le pouvoir et de saisir la toute-puissance et la dictature.

La France se gouvernait autrefois par elle-même dans ses paroisses, ses provinces, par ses corporations. On choisissait généralement pour diriger les affaires publiques ceux qui administraient avec soin, probité et intelligence leur fortune et leurs possessions territoriales. Ceux qui, après la mort de Montesquieu, furent chargés de vérifier ses papiers de famille, furent très-étonnés lorsqu'ils trouvèrent dans ses correspondances

et dans ses registres la constatation de l'activité et de
l'intelligente direction qu'il apportait dans la gestion de
ses vastes propriétés et de la vente des vins et autres
produits qu'elles fournissaient. Ils furent convaincus
qne cette longue expérience, cette pratique des hommes
et des choses lui avaient été fort utiles dans les travaux
et recherches préliminaires de ses ouvrages et avaient
puissamment développé en lui la profondeur des vues,
des pensées et des jugements qu'il y a consignés. Les
francs-maçons sont généralement des citadins qui ne
possèdent pas la richesse territoriale et ne veulent pas
l'acquérir, n'en connaissant point la nature et redoutant
les embarras, les déplacements qu'elle nécessite, les fatigues qu'entraîne cette administration. Si la fortune
leur sourit, ils achètent des rentes, des actions et autres
valeurs mobilières qui ne leur donnent aucun souci et
leur procurent des revenus plus élevés. Ils sont ainsi,
presque tous, complétement étrangers à la vie agricole,
à la culture de la terre, à ses imperfections, aux améliorations qu'elle peut recevoir et aux moyens de les
obtenir. Les révolutionnaires de 1789 qui voulaient
faire table rase de tout ce qui existait, royauté, clergé,
noblesse, etc., ont englobé la propriété dans la haine
furieuse qu'ils avaient vouée à ces institutions, parce
qu'elles reposaient généralement sur cette base solide
et immuable. Ils aliénèrent autant que possible les im-
meubles du souverain de l'Etat, des corporations religieuses et des nobles ; leur rage s'étendit même jusqu'aux
biens communaux qui étaient cependant surtout le
patrimoine heréditaire des pauvres. Napoléon Ier, dans
son code civil, organisa sciemment la dissolution légale
de la propriété et il recommandait à son frère Joseph,
alors roi de Naples, l'adoption dans ses Etats de ces

dispositions efficacement destructives. Ces novateurs imprudents et égoïstes ne comprenaient pas que le sol enlevé aux fortunes publiques ou privées passerait bientôt aux mains du peuple et de la bourgeoisie et que les armes tranchantes employées contre des ordres privilégiés atteindraient à leur tour des plébéiens jouissant d'une médiocre aisance. Les lois successivement édictées par les gouvernements issus de la Révolution ont continué ces funestes traditions. Le sol se morcelle indéfiniment et par cette mobilité rend impraticables les améliorations agricoles. Les impôts sont supportés en très-grande partie, directement ou indirectement, par la propriété qui ne peut pas se dérober aux regards du fisc, tandis que les valeurs mobilières, presque toujours invisibles et insaisissables, se dérobent facilement ou en grande partie à ses atteintes. Aujourd'hui, en France, la propriété est proscrite, la fortune est privilégiée. La première, véritable Cendrillon, chargée de tous les soins, de toutes les peines, de toutes les fatigues, honnête, vertueuse, religieuse, dure au travail, patiente et résignée, ne reçoit que des reproches, des paroles amères, des rebuffades, des mauvais traitements et des coups de ceux qu'elle fait vivre et nourrit à la sueur de son front. La seconde, enfant gâtée, fantasque, capricieuse, mais vaniteuse, ambitieuse, gagnant bien souvent sans peine par des fabrications et des mélanges inconnus, par des spéculations que la probité n'avoue pas toujours et que souvent la justice condamne, bruyante et dirigeant toutes les voix de la renommée, indocile, souvent révoltée, frappant même et violemment ceux qui la chérissent, l'adulent ou l'adorent, marche sans s'arrêter à l'opulence, grâce aux travaux incessants de sa sœur, la pauvre Cendrillon.

Les francs-maçons, hauts et puissants seigneurs héréditaires de la France depuis quatre-vingts ans, ne se bornent pas à décomposer le sol, à le charger d'impôts et de charges de toute espèce, ils frappent de mort civile ceux qui le possèdent. Ils ont aboli le préjugé qui voulait autrefois que ceux qui travaillent davantage et le plus péniblement à l'entretien, aux nécessités et à la conservation de la grande famille fussent généralement appelés au mouvement et à la direction des affaires publiques. Ils ont changé tout cela ; aujourd'hui *l'intelligence* seule doit gouverner le monde. Arrière, comme disait Mirabeau en 1789, « le vieux régime, le vieux culte, les vieilles mœurs, les antiques vertus ; toutes ces antiquailles de préjugés ne méritent pas qu'on les ménage. Tout cela fait honte et pitié à un siècle comme le nôtre. » Aux intelligents seuls doivent être désormais réservés les emplois, les charges, les honneurs, les dignités et le pouvoir.

Or, qu'est-ce que l'intelligence de l'Ere moderne ? Nous la définirons très-bien en citant les hommes les plus intelligents qu'ait produits la France depuis 1789.

Le pouvoir exclusivement attribué à l'intelligence.

Etaient certainement très-intelligents :

Mirabeau, qui faisait piller la manufacture du plébéien Reveillon, égorger les gardiens de la Bastille et ramener à Paris Louis XVI et sa famille escortés par des hordes de bandits et de mégères portant en triomphe les têtes des gardes du corps égorgés à Versailles ;

Les Girondins, qui tentaient le 20 juin et accomplissaient le 10 août 1792, et détruisaient la royauté constitutionnelle à laquelle ils avaient juré fidélité ;

Les Montagnards Danton, Robespierre, Hébert, Fouquier-Tinville qui, entraînant les Girondins, votaient la mort du roi et faisaient tomber sa tête le 21 janvier, faisaient 1793.

Les avocats Dupont de l'Eure, Mauguin, Isambert, Mérilhou, Odilon Barrot, les deux Dupin, etc., etc. qui en 1820, renversèrent le trône de Charles X, empêchèrent l'avénement de Henri V et intronisèrent la royauté bâtarde de Louis-Philippe d'Orléans.

En 1848, les avocats Dupont de l'Eure, récidiviste, Marie, Ledru-Rollin, Crémieux, Emmanuel Arago, Jules Favre, etc. ; le poëte Lamartine, l'astronome Arago, le nouveau théoricien Louis Blanc, etc. ; le député Garnier-Pagès ;

En 1870, Jules Favre, Arago, Crémieux, Garnier-Pagès, tous quatre récidivistes ; Picard, Ferry, Gambetta, Jules Simon, Rochefort, etc.

Etaient depuis cette époque ou sont encore aujourd'hui intelligents.

En première ligne et hors ligne, M. Thiers, historien, ministre, président de la République provisoire, Raspail, Assy, Lullier, Gaston Crémieux, Bordone, Ranc, Malon, Vermesch, etc., etc,

Voilà les hautes capacités qui depuis 1789 se sont érigées en arbitres de nos destinées et ont pris en main l'administration du gouvernement de la France. Devant ces grands hommes devaient pâlir les propriétaires ruraux passant leur vie dans la surveillance et la gestion de leurs biens, dans la direction de leurs exploitations agricoles. Avaient-ils le talent d'écrire, de parler, de prouver à des jurés l'innocence d'un accusé accablé par l'évidence des charges, parfois même avouant ses crimes ; de pérorer dans les clubs ; de prouver, orateurs du gouvernement, qu'il est le meilleur de tous, orateurs de l'opposition, qu'il est le plus détestable et n'a laissé aucune faute à commettre. Ils ont été attaqués par tous les organes de la renommée, par tous les citadins. Ils ont été sans trêve et sans merci, attaqués par le journaliste ou libelliste libéral, républicain ou démagogue, le romancier, le vaudevilliste, etc., etc. Le journal de M. Havin, le *Siècle*, discrètement honoré des faveurs impériales, les a impitoyablement flagellés sous les titres de cléricaux, de réactionnaires. On les a relégués dans la classe des crétins, des parias, des interdits. Il leur a été défendu d'aspirer aux fonctions publiques. S'ils se permettaient de solliciter les suffrages populaires pour le poste modeste de conseiller muncipal d'un village, le préfet, le sous-préfet, tous les employés combattaient à outrance leur audacieuse candidature. Le cabaretier, le débitant de boissons, les fidèles abonnés du *Siècle* qui vivent oisifs des travaux quotidiens de l'ouvrier, les dénonçaient à la multitude comme les oppresseurs du peuple s'engraissant de ses sueurs, prêts à rétablir la dîme, les droits féodaux et les priviléges. Ils ont été pendant dix-huit ans par les soi-disant libéraux, vainqueurs de Juillet 1830 sous le nom de « légitimistes ». Louis-Philippe disait alors : La France est une nation que l'on mène avec des fonctionnaires.

Napoléon III a confondu dans le même ostracisme les serviteurs fidèles et dévoués de la branche aînée des Bourbons et les Orléanistes déchus à leur tour.

Les républicains de 1848, devenus les empressés adulateurs et les souples courtisans de l'empire, émirent comme principe fondamental du gouvernement que le chef de l'Empire devait mettre de côté toutes les classes supérieures et ne prendre pour point d'appui que le peuple déclaré souverain. Et pour gagner ses sympathies, ils lui faisaient des concessions démagogiques, la loi imprudente et sans règle des coalitions déclarée sublime par son patron E. Ollivier dont l'esprit n'était pas moins léger que le cœur. Ils lui refusaient le droit utile et moralisateur de l'association publique, mais ils lui donnaient en compensation le droit de réunion publique, c'est-à-dire les clubs de 1789, 1792 et 1793. L'Empire y envoyait des orateurs chargés d'exagérer encore les déclamations furieuses et anti-sociales des chefs habituels de ces clubs. Puis, il faisait imprimer officiellement les procès-verbaux des séances et les livrait à la publicité, paraissant dire à ceux qui possèdent la richese et le territoire : « Voyez les dangers qui vous menacent ; le fort bras d'un Napoléon peut seul vous sauver. » C'est ainsi que la France a été gouvernée depuis quarante ans.

Lorsqu'en 1870 les désastres de la guerre eurent éclaté comme un coup de foudre, la police impériale fidèle à son infernal système, pour détourner les colères populaires du véritable auteur de tant de maux, répandit sur tous les points du territoire français le bruit que les prêtres, les nobles, les riches avaient envoyé de l'argent au roi de Prusse pour qu'il fît la guerre à la France. Cette abominable accusation fut d'autant plus facilement acceptée qu'elle était plus ridiculement absurde. Propagée partout comme une étincelle électrique, elle coûta la vie au jeune et infortuné de Monneys, brûté vif sur une place publique par une populace furieuse tombée dans un état de barbarie plus atroce que celui des cannibales qui assomment leurs prisonniers avant de les livrer aux flammes. Voilà cependant l'usage que font les chefs de la franc-maçonnerie et des sociétés secrètes de l'autorité que leur ont départie les révolutions sur le peuple dont ils se sont arrogé seuls le droit de diriger despotiquement les destinées.

Parmi les hommes intelligents qui, en 1789, ont fait la Révolution et qu'elle a enfantés elle-même, les neuf dixièmes au moins appartenaient à l'aristocratie maçonnique qui nous gouverne depuis un siècle, aux Carbonari italiens et autres affiliés des sociétés secrètes. Ainsi, suivant l'exemple de Tarquin, des empereurs romains imités au dix-neuvième siècle par des empereurs corses, les conquérants successifs de la France, ont posé, comme base de la « régénération sociale » dont ils se sont proclamés les apôtres, la destruction complète, absolue et perpétuelle de toutes les classes, non-seulement supérieures et dirigeantes, mais même des modestes classes populaires, composées d'artisans et d'ouvriers. La franc-maçonnerie seule, cela se comprend, fut exemptée de la proscription qu'elle faisait peser sur toutes les autres associations.

Ainsi l'organisation sociale moderne était bien simplifiée, elle ne comportait plus la monarchie antique traditionnelle. La nouvelle aristocratie ne voulait point de maître; elle voulait, comme l'avait prédit Marmontel, régner en souveraine. C'était une rude entreprise dans une contrée qui comptait quatorze siècles de royauté, au milieu des nations de l'Europe, presque toutes soumises au gouvernement d'un seul. Aussi la France résista, regimba contre le joug. Elle redemandait au Directoire ses rois exilés; comprimée dans ses vœux, elle faisait une sourde guerre aux républiques improvisées qui s'imposaient à elle sans la consulter jamais. Elle envoyait à des Assemblées démocratiques des députés monarchistes; elle acceptait, au besoin même elle subissait avec moins de répugnance le gouvernement d'un général victorieux et même d'un aventurier. Mais les conspirateurs francs-maçonniques minaient les trônes fondés par la Révolution avec autant d'ardeur que ceux des antiques·dynasties. Au besoin, ils gouvernaient sans eux ou avec eux, en attendant le moment propice où ils pourraient les renverser.

Ainsi, à la tête de la nation, un pouvoir quelquefois momentanément monarchiste, mais devant, on l'espérait du moins, faire place tôt ou tard à une aristocratie permanente et perpétuelle;

Au-dessous le peuple sans organisation, sans classes, sans chefs directs, recevant toujours d'en haut la direction et les ordres auxquels il devra se conformer.

Telles sont les deux forces qui devaient être, à l'avenir, les bases de la constitution moderne de la France.

Pouvaient-elles se rencontrer, se heurter ? l'une d'elles pouvait-elle dans ce choc abattre et détruire l'autre ? Non ! L'aristocratie bien organisée, bien fortifiée posséderait tous les trésors de l'Etat et en dirigerait tous les ressorts. Elle occuperait tous les postes, tous les emplois, toutes les grandes charges et dignités; elle distribuerait toutes les faveurs. Tous ses membres seraient bien pourvus et satisfaits. Le peuple divisé, désagrégé, pulvérisé, sans chefs, sans direction personnelle, sans initiative, habitué à recevoir les ordres d'en haut, serait toujours respectueux et obéissant; il voterait toujours et docilement au gré de ses maîtres. C'est ainsi qu'il avait agi en 1789, en 1792, 1793 et 1830. La domination aristocratique avait donc des gages certains de durée, même de perpétuité.

En 1848, le jeune Louis Blanc, avide de renommée, de grandeur et de pouvoir, ouvrit une chaire publique et voulut enseigner aux ouvriers une science qu'il ne connaissait pas, la science du travail, thèse ouverte à toutes les théories, à toutes les rêveries, à toutes les illusions. Il eût mieux valu leur recommander la pratique du travail, l'ordre et l'économie. Mais les citadins savent tout, même ce qu'ils n'ont jamais appris. Ces pompeuses leçons, inutiles, funestes même aux hommes de labeur, devaient dans tous les cas assurer au professeur improvisé une brillante réputation. Les ouvriers s'enivrèrent de ces idées échauffées par une ardente imagination et des horions nouveaux que leur offrait le jeune orateur. Ces impressions ne furent pas étrangères aux journées de juin. L'insuccès refroidit leur enthousiasme, mais les germes jetés dans leurs têtes et leurs cœurs devaient y fermenter et faire un jour explosion. Aux questions politiques vinrent ainsi s'adjoindre les questions sociales pour les dominer toutes ultérieurement.

En 1848, premières leçons socialistes données publiquement par Louis Blanc.

La grande exposition de Londres amena quelques années après dans cette cité de nombreux groupes d'ouvriers de toutes professions, de tous pays, que les patrons s'empressaient d'y envoyer. Ils se réunirent, s'entendirent et jetèrent les bases d'une vaste association. Un Prussien, Carl Marck, en arrêta le programme. Les théories de Louis Blanc prenaient une proportion inattendue ; tout travailleur devait être membre de cette société appelée à prendre des développements gigantesques, et à couvrir le monde. Elle se vante aujourd'hui de compter ses adhérents par millions. Parmi eux la plus grande part, les hommes mariés surtout, n'adoptent point ses doctrines et ses principes, mais ils sont entraînés et débordés par une minorité, faible en nombre, mais active, ardente et impérieuse.

Quelle est la part que veulent se faire les travailleurs dans la nouvelle organisation sociale qu'ils méditent et qu'ils préparent?

En 1789 la bourgeoisie se disant le peuple et parlant en son nom, dépassant les mandats donnés par la nation dans ses cahiers, voulut faire table rase de toutes les anciennes institutions françaises. Elle triompha. Devant elle disparurent la royauté, l'ordre du clergé, celui de la noblesse, les parlements, toutes les corporations ; son œuvre achevée elle dit : La Révolution est terminée; le peuple est vainqueur, il est satisfait. Mensonge ! mensonge ! répondent les novateurs, les révolutionnaires du jour. La bourgeoisie seule avait triomphé. Aujourd'hui, riche de ses conquêtes, des dépouilles qu'elle a recueillies, elle possède seule tout ce que possédaient autrefois les privilégiés. Elle a déculpé ses richesses soit par la spéculation et l'agiotage, soit par la réduction du salaire des ouvriers. Et nous, quel est notre sort? Un travail dur, pénible, incessant, des salaires modiques, toujours insuffisants quelquefois nuls, funestes résultats de trop fréquents chômages qui nous placent douloureusement entre les tortures de la détresse, des souffrances et les horreurs du désespoir. Ainsi pour nos maîtres la grandeur, la richesse, le luxe, toutes les commodités, toutes les jouissances de la vie. Pour nous, la fatigue, le travail incessant, l'épuisement anticipé, toutes les misères successives de la pauvreté, de l'entretien de la famille, des infirmités, de l'âge et de l'horrible détresse.

Et vous, dont l'opulence et le faste sont une continuelle et navrante insulte à notre indigence, combien êtes-vous? Combien sommes-nous de notre côté? Par le nombre, nous sommes tout, vous n'êtes rien, Eh bien !

nous voulons être tout. A quel titre possédez-vous la France? Vous invoquez votre conquête de 1789 ; mais ceux qui furent vaincus à cette époque faisaient valoir leur possession de plusieurs siècles ; pour toute réponse, vous déchirâtes leurs vieux parchemins. Nous soufflerons sur vos jeunes actes que le temps n'a pas même jaunis, et le vent les dispersera? Vous avez fait, au siècle dernier, une ample curée de biens de la nation, du Roi, du clergé, de la noblesse, de toutes les corporations. A notre tour la grande liquidation sociale ! mais elle ne sera pas cette fois-ci le privilége de quelques-uns, elle sera la récompense et le patrimoine de tous. Enfin s'ouvrira le grand banquet universel de la vie. Pour maintenir notre conquête, nous organiserons le travail, le travail en commun. Chacun recevra une part proportionnée à son labeur ; celui qui ne travaillera pas, indigne de vivre, sera exclu du festin commun. Voilà la nouvelle société ! voilà véritablement la liberté, l'égalité et la fraternité ! Ces grandes devises de l'humanité, de la République universelle, ne seront plus seulement inscrites sur le papier et sur la toile, elles seront gravées dans les cœurs, elles vivront dans la pratique de tous les jours.

Eh bien ! qu'en dites-vous, initiés, maîtres, chevaliers Cadoche, grands dignitaires, pontife suprême du Grand-Orient, de la vénérable Société maçonnique, qui avez été à travers les siècles, envoyés pour régénérer le monde, petits-fils de Mirabeau, des Girondins, des Montagnards, vétérans de 1830 et de 1848, vainqueurs de 1870, économistes, socialistes, communistes ; et vous illustre professeur de 1848, et vous célèbres publicistes des *Débats*, de l'*Opinion publique*, des *République* de tous les degrés, des *Progrès*, des *Réveil*, des *Rappel*, des

Eclaireur, de toutes formes et de toutes nuances, que pensez-vous de ces observations, de ces raisonnements et des conséquences qu'ils en tirent? Comparez ce programme au programme de Mirabeau !

Nierez-vous les droits que les membres de l'Internationale disent avoir de faire, en 1873, une nouvelle édition perfectionnée et complète des œuvres de vos pères de 1789, 1792 et 1793? Quel est celui de leurs actes projetés que vous n'ayez pas à l'avance préconisé, honoré et préparé par vos doctrines et vos propres actes?

Vous leur avez prêché, vous leur prêchez sans cesse la haine des rois, des nobles, des prêtres, de tous les cléricaux, de tous les légitimistes, de tous les hommes d'anciens régimes. Ils sont parfaitement d'accord avec vous, ils veulent les détruire tous radicalement ; soyez satisfaits. Mais à vos listes de proscription ils ajoutent les président et chefs de la république, toutes les autorités sociales, toutes les grandes charges et dignités, la possession privée, non-seulement du territoire rural, mais encore des maisons et hôtels des cités, des usines, des manufactures, des chemins de fer, des mines, comme aussi toutes les sociétés industrielles et commerciales, les banques, maisons de crédit, en un mot tout ce qui concerne la fortune mobilière qui devra, comme le sol, entrer dans la communauté universelle, laquelle, en bannissant l'oisiveté, en imposant le travail à tous, établira le règne de la véritable et sainte égalité, rêve de tous les siècles, devenu une éclatante réalité. Prouverez-vous que leurs déductions sont exagérées? Démontrerez-vous qu'il faut s'arrêter au point précis où la franc-maçonnerie victorieuse a pu placer et bien pourvoir tous ses enfants, tous ses amis, tous ses partisans ; que jusque-là tout est bien, juste et licite ; que dépasser les limites de ses appétits satisfaits, demander la satisfaction des appétits plus robustes encore et plus exigents de la démagogie, c'est entrer pour la première fois dans la carrière du mal et de l'injustice.

Pour combattre les prétentions et le programme de l'Internationale, il faudrait lui opposer des doctrines et des principes diamétralement contraires à ceux qu'elle professe. Or, les vôtres sont-ils opposés aux siens, tout au moins différents? Non !

Quels sont les principes constants aujourd'hui de la franc-maçonnerie ?

Dans son premier âge, faible et rampante, n'admettant pas la divinité, mais n'osant pas proclamer l'athéisme, elle invoquait « le grand architecte de l'univers ». Victorieuse et puissante, elle se déclare hautement athée ; elle proscrit le surnaturel et toute religion même naturelle, toute règle morale ; elle poursuit surtout de sa haine acharnée le catholicisme, tous ses ministres et tous ceux qui professent ce culte.

Elle nie l'immortalité de l'âme, la récompense et l'expiation ;

Elle repousse le régime monarchique sous toutes ses formes, toute autorité, car elle veut être l'autorité unique ;

Elle est l'ennemie déclarée de la famille et de l'autorité paternelle, elle l'affaiblit et la mine par les lois et les mœurs.

Elle nie le droit de propriété et repousse ceux qui possèdent le sol ;

Elle nie le droit d'hérédité et prélude à son abolition par les lois fiscales et le morcellement de la propriété;

Elle supprime l'éducation et lui substitue l'instruction, c'est-à-dire qu'au lieu de former le cœur et l'esprit elle s'attache à l'esprit exclusivement, au savoir, à la science. Elle ne veut pas même permettre au père, à la mère de famille, de départir eux-mêmes cette science à leurs enfants. Elle proclame, elle pratique de vive force l'instruction obligatoire et laïque, c'est-à-dire athée;

Elle déteste la magistrature; elle a détruit les parlements, elle a brisé l'indépendance de la nouvelle magistrature française et, surtout depuis 1830, elle s'est efforcée de l'envahir par l'introduction de ses adptes;

Elle ne veut point d'armées permanentes, chargées de la garde de la gloire et de l'honneur de la France contre l'étranger, de la défense de l'ordre intérieur contre l'émeute et la Révolution; elle leur substitue la milice citoyenne qui ne veut pas combattre contre l'invasion de l'ennemi extérieur, qui ne veut pas lutter contre l'insurrection et pactise facilement avec elle.

Elle n'a point de patrie, partant point de patriotisme; elle veut la République universelle;

Identité des principes de la franc-maçonnerie avec ceux de l'Internationale.

Voilà le programme franc-maçonnique de 1873, édition revue, bien augmentée et maintenant complète de la charte promulguée en 1789 par le franc-maçon Mirabeau!

Qu'on le présente aux grands chefs, aux grands directeurs de l'Internationale; qu'on le soumette, article par article, à leur vote : ils seront tous adoptés à l'unanimité.

Ainsi, identité complète de principes.

Dans l'application, les francs-maçons disent : « C'est là le code du Grand-Orient » (*lisez* de l'aristocratie maçonnique).

L'Internationale dit : « C'est le code des travailleurs, de la liquidation sociale. »

L'Internationale est donc bien certainement la fille de la franc-maçonnerie. Voilà bien la mère qui l'a enfantée, bercée, nourrie de son lait, de sa substance, de son fiel et de son sang. Elle ne veut pas l'avouer publiquement, elle n'ose pas la désavouer hautement. Elle sait bien que c'est la fille de ses œuvres de ténèbres.

Aussi lorsque cette fille terrible éclate en reproches, en insultes, en menaces contre sa mère, elle n'ose ni protester, ni résister ; elle subit les outrages, supporte les coups et panse silencieusement ses blessures sans mot dire.

Lorsque l'opinion publique a réclamé et obtenu l'intervention du législateur contre cette formidable ennemie de la paix publique de la France, de l'Europe et du monde entier, qu'est devenue cette arme entre les mains du pouvoir ? Un épouvantail, un jouet. La mère, faible et coupable, a protégé la fille criminelle et violente ; à peine quelques rares poursuites ont-elles été dirigées. Et, se jouant de la justice et de la loi, l'Internationale marche toujours la tête haute, la menace et l'insulte à la bouche, recrutant sans cesse de nouveaux partisans, peuplant de ses fils et de ses protégés les conseils des communes et des départements, et même... ô honte ! l'Assemblée nationale.

Œuvres de la franc-maçonnerie pendant 80 ans.

Et maintenant, pontifes du Grand-Orient, qui nous gouvernez depuis quatre-vingts ans, voilà donc ce que vous avez fait de la France surprise, subjuguée, dominée, enchaînée par vous.

Ce qu'était le peuple, en France, avant 1789.

Le peuple (la classe populaire) était alors religieux, honnête, moral, bien élevé dans la famille, dans les nombreuses écoles publiques ou privées, si multipliées dans toutes les paroisses, qui, agissant sans faste, sans bruit, sans budget, donnaient cependant à l'enfance et à la jeunesse une salutaire direction. Il était laborieux, craignant les jours trop fréquents de chômage, simple dans ses goûts et ses plaisirs ; dans la vie intime, gai (témoin sire Grégoire, son fidèle emblème), vif, railleur, caustique sans malignité, éparpillant sans cesse les bluettes de sa bonne verve gauloise, bon, serviable, charitable, respectant, honorant, et soignant jusqu'au dernier jour ses père et mère, ses vieux aïeux, des oncles, des tantes ; grossissant même, sans préoccupation de l'avenir, sa pauvre famille de neveux et nièces orphelins et indigents, sachant bien que la charité chrétienne veillait toujours auprès des petites chaumières et des pauvres ménages ; respectueux envers ses supérieurs ecclésiastiques, envers les bourgeois, les nobles, les hommes distingués, et cependant jamais bas ni rampant devant eux ; ayant le tact, le sentiment des convenances qu'inspirent l'éducation chrétienne, l'habitude du travail, l'accomplissement du devoir, la modération des désirs, le respect de Dieu et de soi-même. Il fournissait de nombreux essaims de serviteurs dévoués, de vaillants soldats, de dignes prêtres. Une vie sobre, régulière, lui procurait une aisance modeste, mais suffisante, et lui assurait pour sa vieillesse le repos par les soins dévoués de ses descendants. Quelques-uns plus favorisés par la fortune préparaient les bases de l'élévation de leur famille.

C'est un tableau de fantaisie, diront les lecteurs des fausses histoires de la Révolution, des pamphlets, des brochures, des feuilletons et des journaux destinés à corrompre la multitude. Non ! ce tableau est exact, il a été tracé au XVIIIe siècle par divers auteurs, notamment par M. Béranger (*Les vertus du peuple*, deux volumes 1687). Nous pouvons, du reste, en certifier la parfaite ressemblance, car nous avons eu sous nos yeux, pendant trente ans, les travailleurs qui avaient survécu à cette mémorable époque de 1789.

Hélas ! nous n'avons pas le courage de dessiner les traits du peuple de 1873, du peuple des villes, des Sociétés secrètes, de l'Internationale. Il a été formé à l'image des nouveaux maîtres de la France. On l'a sous les yeux, on l'entend parler ; on connaît ses principes, ses tendances et ses actes. Qu'on le compare au peuple de 1789 et que l'on juge ?

L'ancienne bourgeoisie classée en grande partie dans les corporations marchandes et industrielles, placée entre le peuple et la noblesse avait conservé les mâles vertus du premier et s'imprégnait des hauts sentiments d'honneur et de grandeur d'âme qui distinguaient les patriciens. Les marchands et fabricants se livraient à un travail régulier et incessant. Tout entiers à leurs affaires, ne connaissant pas le plaisir, méprisant le luxe, austères, réservés, pleins de dignité, justement considérés et respectés, ils avaient pour but d'acquitter par

leur travail le tribut que tout homme honnête doit payer
à la société. Ils n'ambitionnaient pas la fortune rapide,
ils ne la recherchaient pas, sachant qu'on ne l'obtient
en général qu'en risquant beaucoup et en exposant
ainsi la fortune d'autrui. Ils modéraient l'essor de leurs
affaires pour ne pas s'exposer à la banqueroute, terreur
de ces âmes honnêtes qui s'attachent à en prévenir la
possibilité par la prudence et le travail. Un marchand,
à cette époque, eût mieux aimé mourir que manquer à
ses engagements. Aussi les banqueroutes étaient rares à
cette époque. Nos lois modernes plus indulgentes ont
établi plusieurs catégories de banqueroutes. La simple
n'est punie que de peines correctionnelles ; la sévérité
des mœurs anciennes n'aurait pas admis ces tempé-
raments.

La bourgeoisie veillait avec soin à l'avenir des enfants;
elle commençait leur éducation dans la maison paternelle et les plaçait ensuite dans ces excellents et nombreux établissements que la prévoyante sollicitude du
clergé avait disséminés partout sur le sol de la France.
Là, ils recevaient en même temps que l'éducation religieuse et morale une forte et solide instruction. Rentrés
dans leurs foyers, ils formaient bientôt d'excellentes
pépinières pour le barreau, la magistrature, l'Eglise,
la littérature, les sciences. Ceux qui se livraient uniquement
ment à l'administration de leurs propriétés, soit à la
ville, soit à la campagne, augmentaient continuellement
la masse de leurs connaissances par la lecture d'ouvrages choisis. La bourgeoisie formait alors un corps
d'élite respectable, justement considéré par ses mœurs,
ses habitudes régulières, sa haute probité, son intelligence, son travail, ses fortes études littéraires.

La bourgeoisie moderne n'a presque de l'ancienne que le nom. Elle a été presque entièrement renouvelée. Elle n'est pas la fille du temps, du labeur pénible et continu et de la pratique de la vertu. Elle doit le plus souvent son origine aux révolutions qui se sont tour à tour abattues sur la France, aux entreprises hasardeuses, à la spéculation, à l'agiotage, au jeu de bourse, à un petit nombre d'années passées dans le commerce où l'industrie et surmenées parce que le travail n'est plus considéré comme le devoir de l'homme, mais seulement comme un moyen obligé pour atteindre rapidement le but unique que tous se proposent : la richesse. Habituellement privée de la première et solide éducation, celle de la famille, n'ayant reçu qu'une instruction fausse ou incomplète, dépourvue de principes fixes, de fortes convictions, elle puise au hasard et sans réflexion ses idées dans son journal quotidien : le *Globe*, le *Constitutionnel*, le *National*, la *Réforme*, les *Débats*, le *Siècle*, l'*Opinion nationale*, etc., etc. Le bourgeois de nos jours ne saurait formuler une opinion, la développer et la soutenir ; mais en l'entendant causer, on connaît le journal auquel il est abonné. Il aime la bonne chère, les plaisirs, le théâtre. Il a en haute estime la garde nationale, les épaulettes et les revues. Il est sceptique, se rit de la religion et cependant aimerait les prêtres s'ils n'étaient pas si cagots. Il déteste les nobles, un nom titré l'horripile et agace ses nerfs. Il ne souffre pas davantage les supériorités plébéiennes ; il est jaloux même de l'homme de sa profession, s'il est trop riche, trop considéré ; il est ennuyé d'entendre publier sans cesse ses louanges ; il ne votera pas pour lui, il votera pour son adversaire. Naturellement, comme son journal, il est opposé à tout gouvernement régulier ; il provo-

Bourgeoisie moderne.

quera sa chute, la hâtera, s'il peut. Il tendra la main
à l'émeute et à l'insurrection et saluera la révolution
qui vient après. Lorsque bientôt il tremblera pour ses
biens et ses rentes, même pour sa sécurité et sa vie, il
sera humble et empressé devant les ordres du gouvernement nouveau ; il s'inscrira des premiers sur les listes
de souscription pour des œuvres patriotiques ; il mon-
tera exactement la garde aux jours et heures prescrites ;
il tâchera d'acquérir promptement des droits à un cer-
tificat de civisme.

Voilà le bourgeois et la bourgeoisie modernes !

Eh bien ! Nosseigneurs et maîtres les francs-maçons,
dites-nous maintenant ce que vous avez fait de ce
peuple mâle et vertueux, sobre, laborieux et économe
qui était le sang vigoureux, la force et le soutien de la
France ;

De cette bourgeoisie intelligente, instruite, austère,
vouée au travail, honorée et considérée, qui eût pu remplacer la noblesse si elle eût conservé ses mœurs antiques et sa haute dignité.

Vous ne répondez pas ; les faits parlent trop hautement et vous confondent. Vous avez corrompu le peuple, vous avez corrompu la bourgeoisie et vous avez dit
ensuite : « Ils sont devenus impuissants, nous régne-
rons désormais et toujours sans contrôle et sans résistance possible. »

Voilà votre œuvre ! votre œuvre néfaste, impie et anti-
nationale ! Vous avez sacrifié à votre féroce ambition, à
votre rage de domination ces deux grandes et fortes
assises de la nation française.

Et maintenant, les événements se succèdent et se
pressent avec une rapidité vertigineuse. M. Thiers marche toujours à son but avec une infatigable ténacité. Il

a, pendant trois mois, lassé la commission des Trente par la subtilité de ses manœuvres ; il lui a arraché de guerre lasse des concessions que nul n'aurait prévues. Des élections successives ont envoyé à la Chambre un fauteur de la Commune, un membre de la Commune, un athée matérialiste et socialiste et d'autres députés radicaux. Paris a donné 180,000 voix à son candidat; Lyon, 88,000 aux siens. La France est dans la stupeur et M. Thiers, maintenant néanmoins, dit-on, son programme, va demander à l'Assemblée la proclamation définitive de la République et la présidence à vie, confiée à ses mains plus que septuagénaires !

M. Thiers, dans ses harangues, invoque souvent le jugement de l'histoire. Mais en attendant cette sentence, qui ne tardera pas à être prononcée par sa voix sévère, n'est-il pas permis aux citoyens français dont il dirige et compromet chaque jour les destinées, qui ne cessent de trembler pour l'avenir sur le sort réservé à leurs familles, de lui adresser la parole et de lui dire comme à leur sous-mandataire :

« Qu'avez-vous fait de cette France dont les destinées ont été remises entre vos mains, il y a deux ans, par une Assemblée trop confiante? »

Avant d'accepter cette lourde et difficile mission, vous deviez descendre en vous-même, sonder votre passé et vous demander si vous étiez capable de diriger sûrement vers le port le navire bouleversé et démâté, dont la direction vous était offerte.

N'aviez-vous pas, jeune encore, été affilié à une Société secrète? N'aviez-vous pas prêté serment de haine à la monarchie? La violation de ce serment pouvait vous coûter la vie; son observation ne pouvait-elle pas être mortelle à la France?

N'avez-vous pas, bientôt après, conspiré contre un gouvernement régulièrement établi, honoré et respecté au-dehors, paternel, libéral à l'intérieur? Après l'avoir renversé, n'avez-vous pas, avec les vainqueurs, enlevé la couronne à un jeune orphelin pour la placer, contre le droit, contre le vœu de la nation, sur la tête d'un prince auquel vous donniez ce qui ne vous appartenait pas?

Devenu ministre de ce roi, fils légitime d'une révolution, votre esprit mobile et entreprenant n'a-t-il pas été un obstacle invincible à la durée de tous les cabinets dont vous avez fait partie?

N'avez-vous pas imprudemment, en 1840, ravivé la légende impériale qui s'éteignait, en faisant ordonner le retour en France des restes de Napoléon Ier, dont vous aviez été l'historien, ou plutôt le trop complaisant panégyriste, inoculant au peuple français le virus révolutionnaire, le mépris du droit, le culte de la force brutale, la vanité théâtrale et la vantardise poussée aux dernières limites du ridicule?

N'avez-vous pas, la même année, avec la même imprudence, provoqué contre la France la coalition de quatre autres grandes puissances européennes, ce qui pouvait entraîner pour la nation isolée les malheurs de la guerre et les plus épouvantables désastres?

Contraint de vous retirer, n'avez-vous pas, dès lors, fait une guerre sourde, mais continue, au ministère de M. Guizot, qui avait succédé au vôtre? Êtes-vous resté étranger à la conspiration et à l'agitation des banquets?

Lorsque cette agitation se tourna en émeute et en insurrection, que Louis-Philippe vous eut chargé de composer un ministère, trop confiant en votre popularité et craignant de la compromettre, n'avez-vous pas empêché le maréchal Bugeaud de continuer ses mesures de répression, de résistance à l'insurrection? Cet habile guerrier, ce vertueux citoyen, ne vous a-t-il pas dit, ému d'une crainte trop légitime et d'une immense douleur : « Oh! M. Thiers, quelle responsabilité vous assumez sur votre tête! » Et une heure après, la monarchie de Juillet s'écroulait et l'on proclamait la République!

N'avez-vous pas, en 1848, favorisé le rappel en France du prince Louis-Napoléon Bonaparte?

Plus tard, écarté par ce prétendant, n'êtes-vous pas devenu son plus ardent adversaire, son ennemi aussi acharné que vous aviez été adulateur excessif, panégyriste partial et trop complaisant de son oncle Napoléon Ier?

N'avez-vous pas, en 1834, et de 1848 à 1851, protesté contre le rétablissement de la République en France, comme antipathique à la nation et ne pouvant que fatalement s'éteindre dans le sang ou dans la boue?

En 1871, n'avez-vous pas fait, au commencement du mois de février, un pacte d'alliance avec les dictateurs de 1870, leur assurant non-seulement l'impunité, mais même la conservation au moins partielle de leur position et des compensations ultérieures?

Quels sont, dans toute leur étendue, les engagements que, au mois de mars 1871, vous avez contractés, à l'insu de l'Assemblée, avec les délégués des Sociétés démagogiques de Lyon, Saint-Etienne, Marseille, Toulouse, etc.?

Pourquoi avez-vous arrêté les poursuites qui devaient être dirigées contre Ranc, membre de la Commune?

Pourquoi avez-vous, contrairement au vœu et aux demandes réitérées de la Chambre, maintenu dans leur poste les administrateurs et autres fonctionnaires violemment imposés à la nation par les usurpateurs du 4 Septembre? Pourquoi avez-vous ainsi discrètement, mais efficacement, favorisé les élections démagogiques et radicales qui se sont succédé depuis votre avénement au pouvoir ?

Pourquoi avez-vous laissé sans exécution la décision de la Chambre, qui ordonnait la révision de tous les actes du gouvernement du 4 Septembre ?

Pourquoi votre cour est-elle toujours ouverte, pourquoi surtout vos sympathies et vos faveurs sont-elles spécialement, presque exclusivement, réservées aux francs-maçons, aux membres des Sociétés secrètes de l'Internationale, aux athées, aux matérialistes ? Vous avez envers et contre tous laissé l'instruction publique et les cultes à un libre-penseur. Vous saviez que, le premier avec Ferry, il avait projeté la démolition de la colonne Vendôme ; vous le saviez et vous l'avez encore conservé. De plus, pour le maintenir, vous avez compromis la justice, et Courbet vous a dû la peine dérisoire de six mois de prison.

Vous avez protégé le communard Ranc, vous avez fait entrer à l'Académie un athée ; le département du Rhône envoie aujourd'hui à la Chambre le communard Ranc, qui est un athée matérialiste, qui, de plus, est socialiste. Quel renfort pour la gloire et le prestige de la France à l'extérieur, pour sa sécurité et sa force à l'intérieur, que l'entrée simultanée dans l'Assemblée nationale constituante des citoyens Barodet, Lockroy, Ranc, Guyot, Lesguillon !!! Monsieur le président de la République est-il content ? N'a-t-il pas atteint son but poursuivi avec persévérance depuis vingt-sept mois, le fractionnement de la Chambre en deux parts égales devant faciliter les mouvements alternatifs du balancier, du jeu de bascule, resté cher aux demeurants de la monarchie de Juillet ? Les conservateurs monarchistes sont plus nombreux, mais l'audace de leurs adversaires compense le nombre et rétablit l'équilibre.

Vous voulez aujourd'hui fonder et présider à vie la République que, pendant quarante ans, vous avez déclarée impossible. « Faites la monarchie, dites-vous à la droite, je ne m'y oppose point. Mais si vous ne pouvez pas vous entendre pour le choix du monarque, acceptez la République. » Raisonnement subtil et captieux! une majorité unie dans son principe, quelquc peu divisée dans son application, doit s'incliner devant une minorité coalisée pour l'attaque. Cette division n'est-elle pas l'œuvre des libéraux de 1830, votre œuvre? Vous sied-il bien de vous en applaudir? Du reste, les monarchistes vous renverront votre raisonnement et vous diront : Vous avez au moins deux républiques ; celle dite modérée, conservatrice (de son usurpation de 1870 et de son empiétement de 1871, '72 et 73), portant le drapeau tricolore, réclamant sa reconnaissance immédiate, une seconde Chambre et la présidence à vie pour M. Thiers. La seconde se proclame athée, matérialiste, socialiste et radicale ; le drapeau rouge est son emblême, elle veut, pour le moment du moins, M. Gambetta pour chef. Eh bien! M. Thiers provoquez un vote entre vos deux républiques, proclamez le résultat du scrutin et présentez ensuite un projet de constitution, indiquant la nuance de forme républicaine que vous proposerez aux monarchistes d'adopter de préférence.

Puisque vous avez consumé deux années à briser une majorité qui pouvait régénérer, réorganiser et sauver la France, dites-nous enfin quels moyens vous nous apportez. Vous répétez sans cesse et vos familliers ne cessent de crier sur les toits « Libération du territoire. » Vain mirage! vous n'avez pas opéré cette délivrance ;

vous en avez seulement hâté l'époque en l'escomptant de la prime de quatre cent soixante-cinq millions donnés en pâture aux banquiers et aux souscripteurs. Passe encore ; plaie d'argent, dit-on, n'est pas mortelle. Mais si, en avançant l'époque de l'évacuation de quelques départements par les Prussiens, vous avancez l'époque de l'irruption des barbares de l'intérieur sur la France tout entière, le remède est cent fois pire que le mal, car c'est un poison rapide et mortel.

Hâtez-vous, M. Thiers, hâtez-vous ! l'heure est solennelle et fatale, il s'agit de la vie ou de la mort. Répondez nettement en langage clair, limpide et français, comme celui que vous employiez naguère dans vos luttes contre l'empire, à ces deux grandes questions.

Êtes-vous pour trente-quatre millions de Français religieux, moraux, respectant la famille, la propriété, demandant la liberté du bien, la liberté d'éducation pour ses enfants, la liberté de conscience pour tous ?

Acceptez-vous de couvrir de votre nom une infime minorité composée d'athées, de matérialistes, d'ambitieux, d'envieux, de déclassés, d'oisifs, de piliers de cabarets, d'ivrognes, de pères sans épouses, de maris sans femmes, de fils délaissant leurs parents, d'avocats sans cause, de médecins sans malades, de pharmaciens dépourvus de clientèle, d'ouvriers débauchés, d'entrepreneurs et d'habitués d'émeute et d'insurrectiou, de banqueroutiers, de filous, d'escrocs, d'incendiaires et d'assassins, de repris de justice, de revenants des maisons de détention, des bagnes de Cayenne, etc., etc., tous républicains, démocrates, démagogues, radicaux, de droit démoniaque et obligatoire ?

À ces deux questionsr épondez : oui ou non !

Hâtez-vous, M. Thiers, hâtez-vous ! car déjà l'histoire

approche tenant son livre d'une main, son burin de l'autre et s'apprête à graver sur ses pages ineffaçables :

En 1871, M. Thiers reçut et accepta la mission de sauver la France.

En 1873, l'ayant volontairement et imprudemment engagée dans des voies détournées et abruptes, elle fut soudainement lancée dans des précipices où elle périt.

Quelle situation inouïe dans les fastes de l'histoire ! Une grande nation meurtrie, cruellement blessée, mais non atteinte dans ses organes vitaux, se reprend à la vie. Elle est confiée aux soins d'un homme fort habile, dont la renommée célèbre pompeusement et exagère les talents. Au lieu de traiter la malade avec prudence et réserve, conformément à son tempérament robuste, l'homme de la science la dirige au rebours de sa nature, suivant les caprices de ses fantaisies mobiles ; le mal persévère, s'accroît, s'aggrave tous les jours ; une fièvre ardente éclate et la menace d'une mort imminente ; heureusement des amis prudents et dévoués accourent et se pressent autour de la victime pour conjurer cette épouvantable catastrophe uniquement provoquée par l'excessive science du trop habile docteur.

Députés de la nation, la malade c'est la France ; l'imprudent docteur, c'est M. Thiers ; les amis fidèles, c'est vous !

Il est temps, plus que temps d'aviser. Quels progrès a fait le mal depuis votre départ ! Le radicalisme pousse des cris de triomphe ; il entonne le chant de la victoire. Que font ceux que vous avez délégués directement ou indirectement pour y administrer les affaires du pays ? Plusieurs ont passé dans le camp ennemi, quelques-uns semblent hésiter sur le parti qu'ils doivent prendre ; les autres voudraient agir contre le désordre, mais ils se sentent désarmés et impuissants.

Vous êtes encore quatre cents qui représentez l'ancienne majorité, hommes de bien, hommes d'ordre, amis véritables, loyaux et désintéressés de la France. Eh bien ! comptez-vous, rapprochez-vous : oubliez les nuances d'opinion, les dissidences passées ; serrez-vous ; prenez pour devise Dieu, l'honneur, la France. Soyez fermes et unis et sous ce drapeau vous serez victorieux.

Remontez au 15 février 1871, reprenez haut et ferme le pouvoir constituant que vous a confié la nation. Demandez compte à M. Thiers du mandat que vous lui avez remis ; les convenances parlementaires ne peuvent pas exclure l'indépendance de langage et l'énergie de l'action. Qu'il vous dise clairement et nettement s'il veut être avec vous contre les radicaux, ou avec les radicaux contre vous. Il a brisé lui-même ce puéril jeu de bascule qui a encore fait son charme pendant deux ans. Il n'y a pas de terme moyen entre la vertu et le crime, le bien et le mal, la vie et la mort ; il faut choisir, admettre l'un, repousser l'autre.

Que M. Thiers ne vienne pas vous entretenir encore de république, de Chambre haute ! La république conservatrice était un fantôme recréé par les demeurants des doctrinaires de 1830. Barodet, Lockroy, Ranc, ont marché sur le fantôme ; il s'est évanoui, n'en parlons plus. Le temps n'est plus aux fabricants de constitutions : Sieyès dort depuis longtemps dans la tombe, Rivet l'y a suivi ; le message est déjà loin de nous ! Rejetons loin de nous ces jouets d'ambitieux : l'ennemi est à nos portes, il nous déclare la guerre à outrance, la guerre à mort. Organisez le véritable et sérieux gouvernement de la défense nationale contre les barbares de l'intérieur, dont nous n'avons eu, en 1870, contre le Prussien que la déplorable caricature. Appelez à la défense commune les forces vives de la nation ; organisez les hommes de bien, les véritables conservateurs ; armez les volontaires de l'ordre contre les trop nombreux volontaires du désordre : ceux-ci trembleront dès qu'ils verront qu'on ne les craint pas. Jusqu'à ce jour notre faiblesse a fait leur force, bientôt notre force fera leur faiblesse.

Si M. Thiers veut marcher résolûment avec vous, avec la nation, avec trente-quatre millions de Français, qu'il conforme ses actes à ses paroles ; qu'il forme un ministère d'hommes capables et dévoués, pris dans le sein de la majorité et agréés par elle. S'il refuse d'entrer dans cette voie nouvelle pour lui, choisissez un ou trois directeurs du gouvernement de la nation française. Ce titre neutre et suffisant permettra de laisser dormir plus longtemps les questions irritantes de forme gouvernementale.

Votre attention doit se reporter fatalement sur les grandes questions sociales :

Abolissez la franc-maçonnerie qui depuis un siècle couvre la France d'un réseau de fer, lui ôtant toute liberté de mouvement et d'action ; c'est à elle, à elle presque seule, que notre patrie doit tous ses maux passés, notre décadence et l'imminence d'une ruine complète.

Remaniez le suffrage électoral ; les niais politiques portés au pouvoir en 1848 par quelques émeutiers obscurs n'ont pas pu lier à jamais la France à cette machine infernale et mortifère. Le *Journal des Débats*, jadis organe des grands pontifes maçonniques, devenu radical très-logiquement depuis le 27 avril, et tous les autres journaux du radicalisme vous crient : « Ne touchez pas au suffrage universel, ou....... la guerre civile. » Votre tactique doit être le contre-pied de la leur. Ils sont sûrs de nous vaincre par le scrutin actuel ; règlementez-le fortement afin de prévenir leur triom_ phe. Qu'importent leurs vaines bravades ! vous aurez pour vous le droit, la nation et l'armée. Soyez fermes et résolus ; les méchants rentreront dans l'ombre.

Une loi sur les associations permettra aux honnêtes gens de s'organiser et de s'entendre pour la défense de leurs intérêts communs. Le mal est organisé dans les bas fonds de la société ; que les gens de bien puissent recouvrer aussi cette faculté qui lui assurera l'exercice du droit de légitme défense dont ils ont été privés par nos lois révolutionnaires.

L'organisation communale, cantonale et départementale, voilà encore un objet important de vos délibérations et de vos décisions.

La régénération nationale doit commencer par l'enfance et la jeunesse. Pour l'obtenir, c'est l'*éducation* surtout qui est nécessaire. Ainsi il conviendra de faire une loi sur cette matière et sous ce titre. A l'avenir, le ministre chargé d'en assurer l'exécution devra prendre le titre de ministre de l'*éducation* publique, ce qui impliquera l'instruction religieuse et morale contrairement à l'instruction obligatoirement laïque, c'est-à-dire athée.

D'autres projets de loi sur des sujets importants compléteront le nouveau code de la révolution sociale.

Bientôt des cris, des hurlements se feront entendre : « Dissolution de l'Assemblée nationale ! » Qu'importent aux soldats courageux les cris de l'ennemi ? Du reste, si vous avez un bon gouvernement, un ministère sympathique, on se lassera bientôt de pousser ces clameurs impuissantes. Dans tous les cas, vous en serez amplement dédommagés et consolés par l'appui des honnêtes gens et la reconnaissance de la nation.

Veuillez me permettre, en terminant, d'offrir mes très-humbles et respectueux hommages aux dignes et courageux représentants de la France et de leur soumettre, à titre seulement de base d'examen, un projet de loi relatif à l'abolition de la franc-maçonnerie.

PROJET DE LOI

Article 1er. La Société secrète de la franc-maçonnerie, sous quelques titres qu'elle puisse être établie, et toute autre Société secrète sont abolies.

Art. 2. Dans le délai d'un mois après la présentation de la présente loi, tous les grands dignitaires et tous les fonctionnaires desdites Sociétés, dépositaires de titres, diplômes, registres et papiers quelconques les concernant, seront tenus de les détruire après en avoir dressé un inventaire détaillé. Cet inventaire, constatant la destruction qui aura été opérée, sera signé par le dépositaire et par deux autres membres de la Société.

Si des papiers de cette nature sont retrouvés ultérieurement au pouvoir de l'un des membres de la Société, il sera puni de...

Art. 3. Dans le même délai, tous les employés et fonctionnaires des communes, des départements et de l'Etat seront tenus d'affirmer par serment et par écrit signé d'eux et transmis à leurs chefs hiérarchiques, qu'ils ne font partie d'aucune Société secrète.

Art. 4. Celui dont l'affirmation sera ultérieurement reconnue fausse sera condamné à...

Celui qui s'affilierait ultérieurement à une nouvelle Société secrète sera puni de...

Art. 5. Tout individu qui, à l'avenir, organisera une Société secrète, ou maintiendra une ancienne Société de

cette nature, tous ceux qui en feront partie seront condamnés à...

Art. 6. Toute affiliation ou participation à une Société
secrète emporte virtuellement et de plein droit la déchéance de tous droits politiques, de l'électorat et de
l'éligibilité, sans qu'il soit besoin de la faire prononcer.

Art. 7. Toute participation à un vote électoral, toute
acceptation d'un mandat électoral par un membre d'une
Société secrète, malgré la déchéance établie ci-dessus,
sera punie de...

Art. 8. Tout électeur sera tenu, avant son vote, d'affirmer par serment qu'il ne fait partie d'aucune Société
secrète...

Si cette affirmation est reconnue fausse, l'électeur
sera condamné à...

Art. 9. Les affirmations prescrites par la présente loi
s'appliqueront également aux Sociétés secrètes étrangères.

Art. 10. Ceux qui seront condamnés pour fausses
affirmations seront privées de leurs droits politiques ou
électoraux à perpétuité ou pour un temps qui sera déterminé par le jugement.

Montbrison, 14 mai 1873.

BOUDOT-CHALLAYE.

Saint-Etienne, imp. FREYDIER, rue de la Bourse, 2.